北京师范大学新文科实验教程

影像史学概论
Historiophoty

吴琼 著

北京师范大学历史学院

双一流学科建设经费资助

西方影像

古埃及人的生活 （法国　卢浮宫）

公元前7—前6世纪黄金戒指 （希腊　贝纳基博物馆）

古罗马斗兽场的鸽子

古代罗马地板拼画 (意大利 罗马国家博物馆)

石棺上的爱神 (意大利 罗马国家博物馆)

古罗马雕刻（意大利 罗马国家博物馆）

古罗马建筑雕塑遗迹（意大利 罗马国家博物馆）

旺多姆广场拿破仑的功记柱（法国 巴黎）

雕塑夜幕下的正义女神（德国 法兰克福）

中国影像

秦　兵马俑出土铜车马　（西安）

秦　箭镞　（西安　陕西历史博物馆）

秦　生活陶器（西安）

唐　伎乐群俑

汉阳陵出土陶猪 （咸阳）

西汉　灰陶倒立俑 （河南省博物馆）

明　彩绘陶仪仗俑群 （西安　陕西历史博物馆）

唐 《狩猎出行图》（章怀太子墓 西安）

《仪卫出行图》（太原娄睿墓 山西省博物馆）

乾陵地宫人物壁画 （西安）

"东方维纳斯"
(西安 碑林博物馆)

中国非遗——碑拓
(西安 碑林博物馆)

史学的开展*（代前言）

周梁楷

中兴大学历史系退休及兼任教授

今天是个大喜的日子，也是史学界里相当有意义的一天。远在台湾台中市，得知北师大历史学院举办第一届全国影像史学学术研讨会，深感无比的欣喜，在此谨向各位教授和同学致上最高的敬意，同时也预祝这回的盛会顺利圆满。

北师大历史学院是全中国研究史学史及史学理论的重镇。记得九〇年代初期中兴大学历史系举办中西史学史研讨会时，曾邀请瞿林东、吴怀祺和陈其泰教授到台中。除了佩服几位前辈的学识，也觉得与北师大历史学院结缘，特别亲切，其中起因也可能我是台湾辅仁大学的校友。

去年（2014）六月底，随同辅仁大学历史系的教师同仁，应邀到北师大历史学院开会，进行学术交流。会议期间，参访了历史影像研究中心及其实验室。当场亲眼看见摄影棚中优良的设备，令我们无限惊艳和羡慕。然而难能可贵的是，学院里主事的学术领导和同仁们都胸怀远大的理想。

影视史学是从史学史与史学理论开展出来的花朵，在思想理路中一脉相通，形成有机的生命。在新世纪里，人们借由史学史的知识和史学的理论，可以从更宽广的领域，远自古代的岩画，近至当今云端里的微电影，探讨历史意识的演变。甚至也可以经由文字书写和影像媒体的交互应用，进行参与式的创造历史。

---

* 恭贺北师大历史学院"影像与社会"——第一届全国影像史学学术研讨会。

这回的盛会象征北师大历史学院欣欣向荣。长期以来的学术耕耘，既能传承，又有开展，同时也促进了两岸史学的交流。可喜可贺！

2015 年 12 月　于台中

作者自述

从1996年开始从事和历史纪录片有关的创作,到主持2015年元月召开"影像与社会"——第一届全国影像史学学术研讨会、2016年"历史影像研究与文化传播"——第二届全国影像史学学术研讨会和"文本·影像·历史"——第三届全国影像史学学术研讨会、2017年"影像·中国史"——第四届全国影像史学学术研讨会、2018年"影像·世界史"——第五届全国影像史学学术研讨会,转眼间,本人沉浸在"历史影像"中已过去了20多个年头——这是一个足以让胎儿生长为成人的时间。

青少年到18岁要举行成人礼,一件事坚持18年以上,也应该有个说法,要给未来的坚持一个理由。限于篇幅,这本书中的内容选择了20多年来,作者所做的关于影像史学的部分尝试。有理论方面的思考,也有自身创作实践。

和动辄数卷的大作相比,这是一本小书。但要写好她,需要交叉从影视传播到历史探究、从文本写作到影像表达、从解说技巧到哲学思考的多学科、多层面的知识和技能。基于此认识,写这本书,实乃知其不可为而为之。

在我国,历史学如一条绵长的大河,从无数充栋的汗牛身边经年累月地流过。自从进入历史的"圈子",我时常惊异于自身角色的复杂,恰如一个肩扛镜头的过客,穿越时空,无意间走到一条波澜不惊的大河边,在不经意间被一朵奔腾而出的浪花击中、打湿,接着在瞬间被唤醒了记忆深处的、一段尘封的因缘。

以记录赏心悦目为目标的影像就这样和求真为目的的史学偶遇了。"真、善、美"是康德哲学的理想,为此,他三度对理性"批判"。

"影像史学"是理性的历史长河中不断涌起的水花,这水花在史学传播载体显著变化的今天空前夺目。和跨越时空的历史长河相比,一朵水花偶然而渺小,非细心难以关注。然而,历史的长河正在流经一个激越的时代,浪花喷薄而出，不断浸染着越来越多的人。水花的晶莹剔透让她充满灵性，很多时候，她更像一面镜子，人们也许从中可以更清晰地看到她折射出历史的独特模样。

理性和感性的结合是影像史学区别于传统史学的基本特征之一。这也无形中契合了现代西方哲学最耐人寻味的命题。

本书记录的是作者的所做所思。雁过留声声渐远，人过不惑惑更多。拙作既出，文乃青涩，急就章多，参差不齐。今天看来，许多不足处反映了彼时的认识水平，为存真计，几未修改，也可以看出作者的学习成长足迹。余有心抒怀，然绠短汲深，敬请方家指教！

本书权当小结，但横竖看都只是起点。

吴琼谨识

2021 年 1 月 26 日于北师大

目 录

史学的开展（代前言）………………………………… 001
作者自述……………………………………………… 003

第一章　从影像史料到影像史学………………………… 001
一、作为史料的影像 …………………………………… 002
二、我国的影像史料传统 ……………………………… 006
三、影像史学的提出和实践 …………………………… 010

第二章　从历史影像实验到"影像史学"研究…………… 017
一、"影像史学"是高校传统历史学研究和影视传播学实践在数字技术条件下结合的产物 ………………… 018
二、"影像史学"是中国传统史料学思想在图像信息时代的延续和发展 ……………………………………… 020
三、历史学的语言学转向是"影像史学"理论研究的重要问题 ………………………………………………… 021
四、作为实践的"影像史学"有显著的专业性和应用性… 024
五、"影像史学"研究拓展了历史学社会化的功能 …… 025
六、"影像史学"研究需要建立相适应的学术评价办法… 026

第三章　影像史学研究的基本问题……………………… 028
一、研究对象 …………………………………………… 029
二、影像史料的特点和研究方法 ……………………… 031

三、影像表达历史的结论评价 …………………………… 036

第四章　影像史学视野下的历史纪录片 …………………… 039
　　一、文献记录与影像表达 ………………………………… 040
　　二、历史纪录片的选题和编导 …………………………… 042
　　三、历史纪录片的史料形态 ……………………………… 043
　　四、作为史学表达的历史记录 …………………………… 049

第五章　影像史学视野下的历史电影 ……………………… 051
　　一、作为史料的文字记录 ………………………………… 052
　　二、作为史料的影像记录 ………………………………… 054
　　三、从"记录"到"纪录" ………………………………… 054
　　四、史学研究和表达的新形式 …………………………… 057

第六章　影像史学视野下的史料载体 ……………………… 062
　　一、汉代石刻画像的性质 ………………………………… 063
　　二、画像石的影像特征 …………………………………… 065
　　三、历史纪录片《中华文明》的影像创意 ……………… 069
　　四、历史文化创意 ………………………………………… 072
　　五、创作者的综合素养 …………………………………… 076

第七章　影像史学视野下的习俗风化 ……………………… 078
　　一、自然历史中的"节点" ……………………………… 079
　　二、历史影像中的"节点" ……………………………… 082
　　三、历史文化的影像表达 ………………………………… 088
　　四、节日与流变 …………………………………………… 094

第八章　影像史学视野下的历史地理 …… 096
　　一、历史影像的探索与发现 …… 097
　　二、历史地理和历史文化 …… 099
　　三、历史元素的融合与创意 …… 103
　　四、历史文化的发现和影像探索 …… 106

第九章　影像史学视野下的地区热点 …… 107
　　一、影像中的古今之变 …… 108
　　二、现实热点的历史视角 …… 109
　　三、历史进程的重要节点 …… 111
　　四、历史影像的空间特征 …… 114

第十章　影像史学视野下的历史遗产 …… 115
　　一、建筑的历史性 …… 116
　　二、建筑的历史文化内涵 …… 120
　　三、历史建筑 …… 126
　　四、建筑的历史 …… 127
　　五、纪录片《文明的轨迹》 …… 128
　　六、罗马影像的启示 …… 129

第十一章　影像史学视野下的国际关系 …… 132
　　一、中苏交流的影像历史背景 …… 133
　　二、影像视野中的中苏形象 …… 137
　　三、影像中的中苏关系变迁 …… 144
　　四、历史影像的理性 …… 153

第十二章　影像史学视野下的地缘政治 154
　　一、记录影像下的地缘关系 155
　　二、地理环境中的历史和现实因素 156
　　三、历史影像以热点的形式呈现 158

附　录　影像史学实践 161
　　实践作品1：《半个世纪一座城》 162
　　实践作品2：《丝与路》 186
　　后现代视野下的影像史学 205

后　记 216
参考文献 218

第一章

从影像史料到影像史学

随着数字影像技术的发展，影像资料成为历史学研究的重要史料来源。中国史学有重视影像史料的传统。影像史料的广泛应用促进了"影像史学"的研究，国内外学者在"影像史学"方面做了有益的探索。

一、作为史料的影像

长期以来，文字史料一直是历史学家研究的核心，影像资料很少引起史学界的重视。人类进入 20 世纪后，随着摄影、电影、电视等影像技术的问世，历史文献的传播媒介已经不仅限于文字、书面的记载方式，影像成为重要的史料来源。"尤其在近现代史领域，丰富的影像资料直接为书写史学提供了一个鲜活的'影像注脚'。"[①]通过影像这种新的语言形式对历史进行书写，能够有效弥补文献史料不足的现状。影像的来源是现实中具体的形象，其内容发展在相当大的程度上是靠影像造型来完成的，这一点在空间角度上也得到了诠释。在内容形式上，所谓影像资料应该是一个大概念，"远自上古时期的岩画，历代以来的静态历史图像，以及近代的摄影、电影、电视和数字化多媒体"[②]，乃至各种视觉实物，均在我们的关注视野之内。在时间向度上，应该包括从洞穴壁画出现的史前时期，到当下的数字视觉传播时代。在内容层次上，应该包括政治、经济、文化、社会等人类社会各个层面，"影片库不仅要保存统治者们开会和骑兵中队和大队出发的材料，就连'市容的变化'也应收藏"[③]。在节目类

[①] 谢勤亮：《影像与历史："影视史学"及其实践与试验》，《现代传播》，2007 年第 2 期。
[②] 周梁楷：《影视史学：理论基础与课程主旨的反思》，《台湾大学历史学系学报》，1999 年第 6 期。
[③] ［美］埃里克·巴尔诺：《世界纪录电影史》，张德魁、冷铁铮译，中国电影出版社，1992 年，第 26—27 页。

型上，各种出于或艺术或虚构目的的影像创作，只要能反映出某一时代的精神气质，同样应该纳入考察范围。有如梁启超所言："中古及近代之小说，在作者本明告人以所纪之非事实；然善为史者，偏能于非事实中觅出事实。"①

当今社会，更是影像视觉传播的时代。随着数码相机和摄像机（DC/DV）的普及、个人计算机非线性编辑系统以及国际互联网的广泛应用，使得普通人可以从生产、加工到传播的各个环节掌握影像技术，这为影像记录历史提供了必要条件。在一定意义上，每个人都能记录真实的历史。影像资料成为研究当代社会乃至近代社会不可或缺的史料来源。意大利史学家克罗齐曾经说：人们是根据自己的兴趣和需要去研究过去的。所以他判定，历史根本不是科学，而是一门研究过去真实的艺术。克罗齐的判断在影像无处不在的时代尤显合理。

和传统的书写史学比较，影像充分表现人类生活的复杂、多维。通过音像合成和镜头切换等技术接近真实的生活，影像能够提供充分的"移情重构"来传递历史任务，影像帮助历史学家把过去变得栩栩如生、活灵活现。"在历史上的任何社会形态中，都不曾有过如此集中的形象，如此强烈的视觉信息。"②我们所处的时代是一个图像泛滥的时代，在这个万花筒式的社会里，商标图案、广告图像、新闻图像，时尚刊物、文艺类刊物中日趋增多的插图、漫画……大量的信息依靠图像发布，比比皆是的图像充斥着我们的生活。20世纪80年代以来，学术界将这界定为"图像的转向"或"视觉文化的转向"。"整个文化现在正经历着一场革命性的变化，从以语言为中心转向以视觉为中心。"③"现在可以感觉到的东西——作为后现代性的某种更深刻、更基本的构成而开始出现的东西，或至少在其时间维度上出现的东西——是现在的一切都服从于时尚和传媒形象的不断变化。"④"图形和影像构成了时代的文化特色，并深

---

① 梁启超：《中国历史研究法》，上海古籍出版社，1998年，第53页。
② 周宪：《视觉文化的转向》，北京大学出版社，2008年，第48页。
③ 李培学、蒋晓明：《论电视新闻报道效果的提高》，《现代传播》，2003年第4期。
④ 张占锁、仝文瑜：《实现理性力量的路径——试论电视画面在新闻评论节目中的作用》，《电视研究》，2001年第2期。

刻地改变着我们对世界的看法,影响了我们的意识形态……一种以视觉为主导的文化形态正在取代以语言为主导的文化。"① 以影像为中心的视觉文化符号系统随之建立了起来。

恩格斯说:"即使只是在一个单独的历史实例上发展唯物主义的观点,也是一项要求多年冷静钻研的科学工作,因为很明显,在这里只说空话是无济于事的,只有靠大量的、批判地审查过的、充分地掌握了的历史资料,才能解决这样的任务。"② 法国年鉴学派的史家马克·布洛赫曾说:"历史证据的类型之多简直不胜枚举。一个人的言论文字、制造的产品以及接触过的东西,都可以也应当能够使我们对他有所了解。"③ 年鉴学派宽容的史料观,启发我们用开阔的视野重新确立影像资料的边界。

在西方,很多学者早已认识到图像在学术研究中的重要作用。丹尼尔·贝尔在《资本主义的文化矛盾》一书中说道:"当代文化正在变成一种视觉文化,而不是一种印刷文化,这是千真万确的事实。"④ 加拿大学者麦克卢汉认为:"图像革命使我们的文化从个体理想转向整体形象。实际上这是说,照片和电视诱使我们脱离文字的和个人的观点,使我们进入群体图像的、无所不包的世界。"⑤ 他注意到,照相及图片印刷的出现导致了广告的高速发展,图像不仅使报纸等印刷媒介发行量大增,而且导致了电视广告、户外广告牌等视觉新形式的出现。根据法国心理学家拉康的学说⑥,在视觉文化符号系统中,人类试图借助影像去占有实在界(the real),就像当初借助文字一样。但由于实在界是无法彻底符号化的,影像只在某种程度上再现了实在界,建构出一种想象性、符号性再现的"现实"(reality),也就是阿尔库赛所说的那种"新的现实"——意识形态。这种可疑的"意识形态"在电视所带来的影像飞速流通的帮助下,

---

① 周宪:《世纪之交的文化景观》,上海远东出版社,1998年,第51页。
② [德]恩格斯:《卡尔·马克思:〈政治经济学批判〉》,《马克思恩格斯选集》第2卷。
③ [法]马克·布洛赫:《为历史学辩护》,张和声、程郁译,中国人民大学出版社,2006年,第56页。
④ [美]丹尼尔·贝尔:《资本主义的文化矛盾》,严蓓雯译,江苏人民出版社,2007年,第43页。
⑤ 习少颖、曾遗荣:《印刷媒介对人的影响》,《新闻前哨》,2006年第7期。
⑥ 本处论述参考了北师大教授季广茂博客上《拉康精神分析漫谈》一文。季广茂:《拉康精神分析漫谈》,新浪博客,http://blog.sina.com.cn/s/blog_55375eee010003jg.html,2006年5月19日。

最终破坏了现实，代之以对现实的拟仿性（simulation）表达。个人丧失了认识集体身份的依据，我们的集体行动既不是靠法律，也不是靠理性控制，而是靠作为刺激物的信息流控制。现实被破坏成仿像（simulacra），那是什么也没有发生的地方，充斥着激情和事件的喻义符号。我们不知不觉就被卷进了一种"镜子游戏"，"这种镜子游戏照来照去，最终营造出一种可怕的封闭现象，一种精神上的幽禁"①。所以说，图像再现"现实"的作用，也就使其具有"等同"于文字史料的功能。

影像可以成为史料，作为史料的影像有自身显著的特征。和文字史料相比，影像的获取受到诸如拍摄者的主观选择、设备技术条件、自然环境状况等局限，尤其受编辑方式的影响，影像史料有自身的规律。

"我们要运用各种方法，把史料从原书中钩索出来，从正面看不出来的，从反面看，侧面看；从个别看不出来的，从综合看；从笼统看不出来的，从分析看；从片面看不出来的，从类比看。这样，我们便能网罗所有的史料了。"②传统文字史料也需要进行整理方可使用。梁启超认为史料是"过去人类思想行事所留之痕迹，有证据传留至今日者也。但幸存至今的史料不仅少之又少，而且又散在各种遗器遗籍中，东鳞西爪，不易寻觅"③。影像的记录所呈现的是自然主义或者现实主义式的记录，所以当使用摄像机对影像进行记录时，要做到"兼收并蓄""有闻必录"，最大限度地保留影像真实的可能性。从影像史料的获取方式来看，摄像机镜头的认知能力先于它的操纵者，摄像机镜头较之于历史学家手中的笔，基于影像所含有的客观特性和叙事功能和其直接性特点，使其更接近于"科学性"的描述，所记录的内容资料也应更为可信，从而是可以被当作史料进行研究与运用的。

---

① ［法］布尔迪厄：《关于电视》，许钧译，辽宁教育出版社，2000年，第23页。布尔迪厄的"镜子游戏"与美国学者尼尔·波兹曼在《娱乐至死》一书中说的"躲躲猫（Peek-a-Boo）的世界"有异曲同工之处。
② 翦伯赞：《史料与方法》，北京出版社，2005年，第110页。
③ 梁启超：《中国历史研究法》，东方出版社，1996年，第44页。

二、我国的影像史料传统

中国史学有重视影像的传统，在中国历史研究中，影像也是不可或缺的史料。中国历史最初是以"图"的形式出现的。从"河图"始，古代中国人就注重图像表意；《山海经》更是以图配文，上古时代的图书大都有图形。直到司马迁著《史记》，采用表、书、本纪、世家、列传……开始舍弃图表，后人法之，致使后来的很多如服饰、山川、水利、交通、建筑等形象的描述不明确。宋代郑樵《通志》，创《图谱略》，认为在历史研究中，图、文缺一不可："见书不见图，闻其声不见其形……辞章虽富，如朝霞晚照，徒煋耀人耳目；义理虽深，如空谷寻声，靡所底止。二者殊途而同归，是皆从事于语言之末，而非为实学也。所以学术不及三代，又不及汉者，抑有由也。以图谱之学不传，则实学尽化为虚文矣。"[①]郑樵开创了我国史学研究图像器物与文献互证的先风。康熙时，浙东史学的代表万斯同参与编撰的《明史·历志》，图解天文、水利、地理，一目了然，改变了正史不用图的偏颇。在中国史学史上，章学诚首倡史书体例中增设"图"，他在《家书六》中说："于纪、表、志、传外，更当立图。"

20世纪初期，王国维和鲁迅倡导使用"美术"，包括注重雕塑、绘画、建筑等视觉的感受。王国维提出了"二重证据法"揭示历史的原貌。《胡适留学日记》中强调以图衬写的作用。陈寅恪在演讲《吾国学术之现状及清华之职责》中强调系统整理、陈列、出版图像遗物。郑振铎对图像十分重视，他收集上古到晚清的图像资料编撰《中国历史参考图谱》一书，至今仍是研究中国历史重要的影像史料。在此书中，他批评了中国史学轻图像重文字的习惯："史学家仅知在书本文字中讨生活，不复究心于有关史迹、文化、社会、经济、人民生活之真实情况，与乎实物图像，器用形态，而史学遂成为孤立与枯索之学问。——学者唯知注重有款识之器物，而遗其重要图纹、形态；于碑版塑像，亦往往仅传拓其文字，而忽视其全角与图形。"图像可以"反映古人之实际生

---

① 郑樵：《通志·图谱略》卷 72，中华书局，1987 年，第 837 页。

活"，忽视它是"非科学的"。

事实上，在丰富的中国史料中，敦煌"邈影""写真像"就是一种极为重要的影像史料。邈真赞即写真、肖像画的像赞。民间祖影像随着人物画的发展，隋唐以后的祭祀性民间祖影像在史料上有了明确记载。宣扬纲常、表行功德的"圣贤肖像"盛行，不仅促使了"普通人"的写真行为成为时尚，也终于让民间祭影像以明确的姿态出现在了历史的舞台上。特别是敦煌地区的"邈影""写真像"，使民间祭影像呈现出鲜明的地域性，并扩展到其他地区，成为唐代祭影像发展的突出特点。在敦煌藏经洞发现的遗书中，现已发现邈真赞等像赞九十余篇。其目的在先人去世前后，为祖先留影以供真仪，并为后世"千秋之祀"。饶宗颐先生在考察巴黎吉美博物馆藏品时，曾举出有年代的著录诸件，如17685号提及"绘大悲菩萨铺变邈真功德记""会命丹青笔染绢帛间邈菩萨绘侍圣"，17662号提及"（敦）煌郡娘子会命张氏绘佛邈真赞并序"，这些都是极为珍贵的影像史料。①从《敦煌碑铭赞辑释》中诸多辑录的"邈真"来看，唐、五代敦煌地区民间祭影像的赞（序）中所体现出的正是古人所认识到的影像在"记录"方面的价值。例如《康通信邈真赞》（男单）赞中就写道"他乡殒殁，孤捐子孙。怜（邻）人叕（辍）舂，闻者悲辛。邈其影像，铭记千春。"②《令孤公邈真赞》（男单）赞中写道："永辞白日，掩瘗灰尘。行路伤悼，擗踊子孙。临坟哀恸，聚徒愁云。邈灵踪之影像，空祭拜于明魂。"③这种"记录"也就使其具有了客观的史料价值。

中国近代留下了大量历史影像。仅以"抗战"前后为例，据目前所知，仅上海一地，1931年到1935年年间出版的与中日战事有关的摄影集就达十余种。如《良友》画报将其历年刊登的新闻照片，分若干专题，辑为《中国现象——九一八以后的中国画史》，于1935年出版。摄影家沙飞1936年12月在广州举办了个人摄影展。他在为摄影展所作的《写在展出之前》这篇文章中明确提出："现实世界中，多数人正给疯狂的侵略主义者所淫杀、践踏、奴役！……

---

① 参见姜伯勤：《敦煌艺术宗教与礼乐文明》，中国社会科学出版社，1996年，第84页。
② 郑炳林：《敦煌碑铭赞辑释》，甘肃人民教育出版社，1992年，第114页。
③ 同上，第144页。

因此，从事艺术工作者——尤其是摄影的人，就不应该再自囚于玻璃棚里，自我陶醉，而必须深入社会各个阶层，各个角落，去寻找现实的体裁。"[1] 上海"一·二八抗战"中，电影摄影师黎民伟冒着炮火率领摄影队拍摄了纪录影片《淞沪抗战纪实》。这一时期，中国也出版了不少以中国战事为题材的专题摄影集。以下是笔者统计的此时画刊影集资料（见表1-1）：

表1-1　1931—1935年上海出版的中日战争题材摄影集[2]

名称	出版机构	出版时间
《中日甲午战争摄影集》	良友图书公司	1931
《日本侵略东北真相画刊》	良友图书公司	1931
《黑龙江战事画刊》	良友图书公司	1931
《锦州战事画刊》	良友图书公司	1932
《上海战事画刊》	良友图书公司	1932
《淞沪御日血战大画史》	文华美术图书公司	1932
《热河血战画史》	文华美术图书公司	1933
《九一八国难纪念》	良友图书公司	1933
《榆关战事画刊》	良友图书公司	1933
《华北战事画史》	文华美术图书公司	1933
《淞沪抗日画史》	国民革命军第五军司令部	1932
《东北巨变血泪大画史》	文华美术图书公司	1933
《古北口回忆》	良友图书公司	1934
《中国现象——九一八以后的中国画史》	良友图书公司	1935

这一时期，许多以时事新闻为主要内容的摄影画报也应运而生。除《良

---

[1] 沙飞：《写在展出之前》，转引自王雁《沙飞纪念集》，海天出版社，1996年，第98页。
[2] 表格内容根据《上海摄影史》中相关数据统计而得。上海摄影家协会、上海大学文学院编：《上海摄影史》，上海人民美术出版社，1992年，第80—86页。

友》《中华图画》《少年画报》等原有画报外,"八一三"事变爆发后,仅上海一地短时期内就出现了十余种以抗日为题材的摄影画报(见表1-2)。

表1-2 "八一三"事变时期上海出版的摄影画报[①]

刊物名称	出版周期	起讫时间	出版期数	出版者
《良友》	月刊	1926.1—1941.10	1—171	良友出版公司
《中华图画》	不定期	1930.7—1941.8	1—104	中华图画杂志社
《少年画报》	月刊	1937.4—1941.9	1—40	商务印书馆
《良友战事画报》	五日刊	1937.8—1937.11	1—19	良友出版公司
《抗战画报》	三日刊	1937.8—1937.10	1—29	抗战三日刊社
《抗日画报》	周刊	1937.9—1939.11	1—15	新生出版社
《抗敌画报》	周刊	1937.9—1939.11	1—14	抗敌画报
《战时画报》	五日刊	1937.9—1939.11	1—20	中华图画杂志社
《血战画报》	五日刊	1937.10—1937.11	1—7	血战画报社
《胜利画报》	月刊	1937.10—1937.12	1—3	大同出版社
《抗日战事画刊》	号外	1937.7.31	1	时代画报社
《大抗战画报》	旬刊	1937.10—1937.11	1—3	大抗战画报社
《抵抗画报》	五日刊	1937.10—1937.11	1—2	抵抗画报社
《战声画报》	五日刊	1937.10—1937.11	1—10	战声画报社
《战时生活画报》	周刊	1937.10—1937.11	1—10	健康生活社
《辛报战情画刊》	半月刊	1937.10—1937.11	1—5	辛报社
《总动员画报》	半月刊	1937.11	1—2	总动员画报社

这一方面说明社会和学术界都对抗战题材的历史图片有相当大的需求,另

---

① 表格内容根据《"八一三"上海抗战史料选编》中相关数据统计而得。上海社会科学院历史研究所编:《"八一三"上海抗战史料选编》,上海人民出版社,1986年,第91—93页。

一方面也说明目前缺乏对此类史料的系统发掘和整理。事实上，抗日战争时期的影像史料不仅数量庞大，而且题材丰富，构成了史学研究中极为生动、真实、具有极高价值的图像、影像史料。

关于新中国历史题材纪录片，有学者认为最早应追溯到苏联时期宣传片的创作传统。[①] 苏联的纪录片比较多地承担了国家的政治使命，是一种担负国家政治宣传与历史使命的媒介形式。而我国当时的纪录片观念承袭了苏联的传统，所以我们可以看到大量的效仿苏联的纪录片作品，这一阶段的纪录片创作基本是"全盘苏化"。从新中国成立到20世纪80年代初期，这个时间被称为中国纪录片的"英雄时代"。[②] 各行各业、各条战线所取得的进步都可以由纪录片的记录而为人们所知：从早期的20世纪50年代的作品包括《解放西藏大军行》《抗美援朝》《伟大的土地改革》《英雄赞》《中国人民的胜利》《解放了的中国》等，再到"文革"结束之后的文献片、汇编片的盛行，这期间大量作品涌现，包括了《伟大领袖毛主席永垂不朽》《敬爱的周总理永垂不朽》《光辉永存》、纪念毛泽东诞辰90周年的《毛泽东》《国之瑰宝——宋庆龄》《鲁迅传》《卡尔·马克思》等。纪录片基本就是把一些散落的历史碎片以某种观念糅合在一起，其本质是官方宣传的产物，着重回顾重大的历史事件，反映领袖和精英的丰功伟绩。

改革开放以后，特别是20世纪90年代以来，随着数字信息技术的进步，中国的电影电视事业取得长足发展，影像工具进入寻常百姓家，影像资料已成为研究这一时期历史的重要史料来源。

三、影像史学的提出和实践

（一）公共史学与影视史学

"影视史学"一词最早出现于美国历史学家海登·怀特所创的"historiophoty"。

---

① 肖平：《影像与事件——关于历史题材纪录片的文化追溯》，《中国电视》，2005年第4期。
② 方方：《中国纪录片发展史》，中国戏剧出版社，2003年，第177页。

1988年12月，在《美国历史评论》(American Historical Review)的93卷第5期专门开设"影视史学讨论"专栏，邀请了海登·怀特、罗伯特·A.罗森斯通（Robert A.Rosenstone）等人就历史学与影视形象的关系、历史学与影视的结合问题进行探讨。正是在这一期上，海登·怀特在他发表的《书写史学和影视史学》(Historiography and Historiophoty)一文中，最初对这个概念下了一个明确的定义，称其为"通过视觉影像和影片的方式，来传达（representation）历史以及我们对历史的观念"①。在此文中，海登·怀特创造"historiophoty"一词，以和传统的"书写史学"（historiography）相区分。自此，"影视史学"有了一个既定的概念，也得以独立成为一种新的史学理论出现在学术领域的研究之中。

其实，早在海登·怀特具体提出"影视史学"这一概念之前，关于影视和历史关系的问题就已有探讨。而这种探讨，不仅只出于影视学领域的学者，也有很多出自历史学家之手。20世纪60年代，法国年鉴学派学者马克·费侯（Marc Ferro）写了《电影与历史》(Ciemaet et Histoire)一书，其中已经涉及影视作为史学的方法论和知识论问题。他将电影当作重要的史料，拿来与其他不同类型的史料相互对照考证。这些理念都是把影视和史学联结，进行思考的结果，为这一领域提供了最初的空间。美国后现代主义史学者罗伯特·A.罗森斯通（Robert A.Rosenstone）在其书《往昔的景象：影片对历史观念的挑战》(Visions of the Past: The Challenge of Film to Our Idea of History)明确指出："历史不一定要书写在书页上。它可以不使用书写文字，可以是使用其他质素的思维模式：声音、影像、感觉、蒙太奇。"② 美国的历史学家莱克（R.C.Raack）在1983年发表的《历史的影像编纂》一文③，对此问题也有了更

---

① "The representation of history and our thought about it in visual images and filmic discourse." Hayden White: *Historiography and Historiophoty*, American Historical Review, Vol.93, No.5, 1988, p.12.

② "History need not be done on the page. It can be a mode of thinking that utilizes elements other than the written word: sound, vision, feeling, montage." Robert A.Rosenstone: *Visions of the Past: The Challenge of Film to Our Idea of History*, Harvard University Press, 1995, p.11.

③ R.C.Raack: *Historiography as Cinematography: A Prolegomenon to Film Work for Historians*, Journal of Contemporary History, Vol.18, No.3 (July 1983).

加深入的探讨。他们的想法的提出虽然不像海登·怀特形成了具体理论,但已经具备了影视史学的某些特点。

虽然海登·怀特最先提出了影视史学的理论,但是却并未对其进一步地发展和探讨,尤其在实践性方面更为缺乏。究其原因,很大程度上是源于怀特个人的理论与知识体系。作为西方后现代历史主义的代表人物,他的学术理念主要是偏重历史叙事方式,他本人就是"极端叙述主义最有力的倡导者"①。在其著作《元史学:十九世纪欧洲的历史想象》一书中,他界定了历史的"真实性""虚构性"与"讽刺性"三种概念,并提出在此基础上要假定第四类史学意识,即一种元史学意识。海登·怀特自己说:"人们并非依据完全真实和彻底虚构之间的对立来考虑这三类历史写作,而是将它们设想成真实与相像在不同程度上的混合,其间真正的区别在史学意识中表现出一种积极的成果,即一种在史学意识上超越前一时代的进步。"② 同时,有学者认为,他的"元史学"理论根本不是学术理论,而是理论魔术表演。③ 也有学者认为,怀特的理论作品始终围绕历史、比喻、想象三个概念展开论述,这种理论为我们构建旨在服务于"人类利益"的思辨历史哲学提供了新的思路。④ 在后来的著作中海登·怀特也很少再提及"影视史学"这一概念。所以可以理解为,"影视史学"这一理论虽为海登·怀特所创,但只是他丰富他自己后现代史学叙事艺术的一种方法和一种阐释,尚未真正能作为一门独立学科进行发展,因而并不完整。

最早将"影视史学"这一概念引入中国的,是台湾中兴大学的周梁楷教授。在他的《影视史学:理论基础及课程主旨的反思》一文中,首次把海登·怀特的"historiophoty"这一概念译为"影视史学",并提出"'史学'这个名词来强调'historiophoty'是门学问,它也有(或应有)自己的知识理论基

---

① 韩震主编:《历史观念的大学读本》,中国人民大学出版社,2008年,第581页。
② [美]海登·怀特:《元史学:十九世纪欧洲的历史想象》,陈新译,译林出版社,2004年,第66—67页。
③ 邵立新:《理论还是魔术——评海登·怀特的〈元史学〉》,《史学理论研究》,1999年第4期。
④ 陈新:《历史·比喻·想象——海登·怀特历史哲学评述》,《史学理论研究》,2005年第2期。

础"①。并且在此后开始了对影视史学专门性的研究，发表了一系列著作，例如《银幕中的历史因果关系：评论〈谁杀了肯尼迪〉及〈返乡第二春〉》②《书写历史与影视史学》③《影视史学：理论基础及课程主旨的反思》④《影像中的人物与历史——以〈白宫风暴〉为讨论对象》⑤等。同时，他还在台湾开设了相关内容的影视史学课程，但主要偏重从理论的角度来解释和讲授。⑥"影视史学"这一概念进入内地学术界，滥觞于复旦大学历史系张广智教授于1996年发表《影视史学：历史学的新领域》一文。⑦他在1998年出版的《影视史学》一书中剖析了影视史学兴起的时代环境，讨论了影视史学的历史意义及其功能。⑧在此之后，他又接连发表了《重现历史——再谈影视史学》⑨与《影视史学与书写史学之异同——三论影视史学》⑩两篇文章，对"影视史学"这一学科进行了较为系统与完善的研究。总体而言，"影视史学"在中国的发展大体上具有两个特点：第一，研究者较少。张广智教授说："在大陆史学界，尽管《美国历史评论》之类刊物并不难觅，尽管像《谁杀了肯尼迪》和《辛德勒名单》等类影片也可见到，但对影视史学却鲜有反映。"⑪近年，随着"影视史学"这一学科的发展，它的学术价值越来越受到重视。中国的研究者和学术成果也逐渐增加，很多学者从影视学和历史学等多个角度开始对其进行研究与阐述。

关于历史纪录片的文献，主要来源于国外学者的研究。拉法艾尔·巴桑、

---

① 周梁楷：《影视史学：理论基础及课程主旨的反思》，《台湾大学历史学系学报》，1999年第6期。
② 周梁楷：《银幕中的历史因果关系：评论〈谁杀了肯尼迪〉及〈返乡第二春〉》，《当代》，1992年总74期。
③ 周梁楷：《书写历史与影视史学》，《当代》，1993年总88期。
④ 周梁楷：《影视史学：理论基础及课程主旨的反思》，《台湾大学历史学系学报》，1999年第6期。
⑤ 周梁楷：《影像中的人物与历史——以〈白宫风暴〉为讨论对象》，《中兴大学人文学系学报》，2002年总32期。
⑥ 见其授课大纲，http://www.doc88.com/p-90654992749.html。
⑦ 张广智：《影视史学：历史学的新领域》，《学习与探索》，1996年第6期。
⑧ 张广智：《影视史学》，扬智出版公司，1998年。
⑨ 张广智：《重现历史——再谈影视史学》，《学术研究》，2000年第8期。
⑩ 张广智：《影视史学与书写史学之异同——三论影视史学》，《学习与探索》，2002年第1期。
⑪ 张广智：《影视史学：历史学的新领域》，《学习与探索》，1996年第6期。

达尼埃尔·索维吉的《纪录电影的起源及演变》，原是法国让-路普·巴塞克主编的《电影辞典》中的"纪录电影"条目。①单万里译的中文版原载中央新闻纪录电影制片厂编辑出版的内部刊物《纪录电影》1987年第3—6期，公开发表于《世界电影》1995年第1期，系统地梳理了纪录片的缘起和发展。②单万里同时还翻译了《格里尔逊与英国纪录电影运动》，选自福西斯·哈迪编的《格里尔逊论纪录电影》。③张雯译阿兰·劳维尔《英国自由电影》，选自与吉姆·希里埃合著《纪录电影研究》④，中文译文原载于《世界电影》1988年第4期。胡濒译《法国新浪潮中的真理电影》。⑤李迅译罗伯特·C.艾伦的《美国真实电影的早期阶段》⑥，选自与道格拉斯·戈梅里合著《电影史：理论与实践》，美国麦克格鲁·希尔出版公司1985年版的第9章等。这些译著都是研究纪录片的起点。

而就中国本身的影像来看，从史学角度研究首先是纪录片。学术界将新中国成立初期的纪录片归为当代电影史的一个较为独立的历史阶段，明确了电影史研究兼有电影和历史的双重品格，把史学眼光融入了理论思维。钟大丰、舒晓鸣合著的《中国电影史》⑦，介绍了各个时期主要的艺术运动和艺术思潮、重要的电影艺术家和代表性作品等，着重从艺术发展的角度介绍中国电影的历史。王晓玉编的《中国电影史纲》⑧，以各个历史时期为经，以每一历史时期出现的重要电影现象、流派及电影理论为纬，通过经纬结合的论述方式，展现了

---

① ［法］让-路普·巴塞克主编：《电影辞典》，法国拉鲁斯出版社，1991年，第193页。
② ［法］拉法艾尔·巴桑，达尼埃尔·索维吉：《纪录电影的起源及演变》，载单万里编《纪录电影文献》，中国广播电视出版社，2001年，第871页。单万里对这篇文章进行了翻译并自拟题目。
③ Ian Aitken: *Film and Reform: John Grierson and the Documentary Film Movement*, London: Routledge, 1990, p.12.
④ Jim Hillier and Alan Lovell: *Free Cinema, Studies in Documentary*, Seeker&Warburg, 1972, pp.133—172.
⑤ 胡濒译：《法国新浪潮中的真理电影》，荒煤主编《外国电影近况》，北岳文艺出版社，1986年，第2页。
⑥ ［美］罗伯特·C.艾伦：《美国真实电影的早期阶段》，李迅译，《世界电影》，1991年第3期。
⑦ 钟大丰、舒晓鸣：《中国电影史》，中国广播电视出版社，1995年。
⑧ 王晓玉编：《中国电影史纲》，上海古籍出版社，2003年。

中国电影的百年发展历程。刘立滨著的《中国电影史》[①]从历史事件入手，总体把握中国电影艺术的发展轨迹与艺术规律，并注重各个历史时期电影艺术创新的成就。舒晓鸣著的《中国电影艺术史教程》[②]介绍了1949年至1999年的中国电影艺术发展史，把握历史脉络和整个时代背景，探讨这一阶段中国电影艺术的发展轨迹、艺术规律及电影成就，分析了一批有代表性的电影艺术家和电影艺术作品。周星著的《中国电影艺术史》[③]，更多强调对重要艺术潮流和现象的概要论述，含有电影史论与当下创作现象的现状描述。[④]这些著作的学术价值主要体现在对当代中国纪录片领域的开拓方面。

（二）影像史学教学研究的探索与实践

"历史的目的在将过去的真事实予以新意义或新价值，以供现代人活动之资鉴。"[⑤] "如果我们需要了解一些地方和事件，而它们又超出了我们个人经历的范围，我们如何能找到它们？答案是通过传媒。"[⑥]

早在"影视史学"这一概念提出之前，将影像纳入课堂的方式在中国教育领域已经得到了广泛运用。历史学充满感性认识。要将丰富多彩的历史画卷重新展现在学生的面前，不仅要求教师在具体教学中运用生动活泼的语言进行描述，更要吸收现代科技手段再现历史情景。

"影视史学"作为一门专门历史学课程，其教学理论、方法已经得到实证。台湾周梁楷教授从1990年起在台湾中兴大学开设"影视史学"课程，将课程目标设定为探讨史学知识理论。1996年他设计的课程大纲里所列的课程主旨有两项：

第一，说明影视媒体对于二十世纪的历史文化（historical culture）有何影响，并进而分析近百年来民间大众文化中的历史意识。

---

① 刘立滨：《中国电影史》，中国电影出版社，2005年。
② 舒晓鸣：《中国电影艺术史教程》，中国电影出版社，2000年。
③ 周星：《中国电影艺术史》，北京大学出版社，2005年。
④ 石川：《政治·影像·诗意——1949—1966年的中国电影》，中国艺术研究院博士论文。
⑤ 梁启超：《中国历史研究法》，上海古籍出版社，1998年，第148页。
⑥ ［美］麦克莱：《传媒社会学》，中国传媒大学出版社，2005年，第9页。

第二，探讨专业史家积极投入影视史学以后，对于书写史学有何冲击，并进而讨论史学思想及史学方法论可能会如何发展。

经过了四个学期的课程教学后，这门课程的主旨调整为三项：

第一，认识影视历史文化的变迁。

第二，探讨影视与当代人文思维的关系。

第三，建构影视与新史学的理论和实际。

从中也不难看出，开设这门课的目的在于探讨"影视"对"史学"本身的影响，但是其重心仍是在理论探研，较少涉及实践性特点。相比之下，2011年7月，北京师范大学历史学院成立的"历史文化影像实验室"，明确提出了把影像史学的理论探索和学生影像实践相结合的教研目标。

通过引进数字化影像技术和影视文化创作理念，把传统历史学研究过程和成果进行影像化转化，保存学者们的原始影像研究资料；开展历史影像教学科研；培养学生的历史文化创意思维，优化学生的知识结构；进一步丰富高校历史课堂教学。

在对"影视史学"的研究上，北京师范大学历史文化影像实验室在构建理论的同时，也更加注重影视史学的实践性。尤其是在历史教学方面，所开设的"文物摄影与文博应用技术"和"历史文化纪录与影像历史"两门课程也注重于"影像史学"的实践效果。

第二章

从历史影像实验到"影像史学"研究

——兼论"影像史学"的学术内涵与研究路径

"影像史学"①是以影像史料即视听觉史料为主要对象研究历史问题的学科方向。影像史料的研究内涵随着影像技术的进步不断发展完善,其研究对象包括如岩画等远古人类活动的可视化遗迹;传统史料学中的画作、图像等非物质文化遗产;建立在物质文化基础上的历史文化、文物的实体发掘、发现的过程的影像化结果;建立在人类现实生活基础上非物质文化形态的影像记录和历史联系等。

一、"影像史学"是高校传统历史学研究和影视传播学实践在数字技术条件下结合的产物

1988年,美国历史学家海登·怀特在其著作《书写史学和影像史学》中,提出了"影视史学"的概念,即"以视觉影像和影片的论述,来传达历史以及我们对历史的见解"。这可以视作以影像手段认识和研究历史的发端。不久,台湾中兴大学教授周梁楷将此理论介绍到台湾。其后,大陆史学界、传播学界陆续有涉及以影视作品、图像、模拟、仿真以及数字化信息等为论述对象的历史著作或文章出现。这些著作和论文大多用"××史学"的名称,不同的论述中涉及的"史学"概念之间有区别也有交叉,至少涉及历史学、影视(剧)创作传播、图形学等学科,论述的内容也较为繁杂。如何统一以视听觉历史材料为研究对象的研究规范,从历史学文本上形成共识,成为历史学研究必须面对的问题。

影像技术的不断发展推动影像承载历史功能的不断完善。随着数字影视技术的深入和推广,影像记录和传播历史的功能日益受到重视,相似的研究名称

---

① 此定义是本文作者阶段性思考。

也频频出现。"影视""图像"等承载历史信息的过程实际是影像技术不断成熟的过程,凡是和"光影"有关的载体,其历史问题的提出、研究和表达都和视听技术无法分割,传统历史学研究如何实现和视听技术的结合,进而形成新的历史叙事和研究方式成为无法回避的问题。这既是传统历史学研究理论的科学化问题、研究材料来源的技术问题,也是历史学研究成果的传播问题。自从同期录音技术进入到电影电视创作后,现代影像尤其是动态影像已经涵盖了声音的元素,影像的内涵从"无声"到"有声",其概念更加成熟,其技术的元素更加丰富,跨学科的特点更加突出。

以数字技术产品的广泛普及为基础,影像技术深入到生活的各个层面并深刻影响着历史学、影视传播学学科建设和发展走向。建立以传统历史学思想和研究成果为基础、以镜头语言为认识手段、以日益丰富的影像资料为研究对象、以影像表达为传播载体的"影像史学",既是历史研究社会化的现实需求,也是传统的以文献研究为核心的历史学研究理论发展的需要。数字影视技术的发展和深度普及,尤其是近年来以历史文化纪录片、纪录电影等为代表的越来越多的优秀历史影像作品的创作和传播,为影像表达历史提供了参考样本和条件。"影像史学"作为历史学研究的新方向,从理论到实践具备了条件。正是基于这样的思考,作者在 2008 年的纪录片创作实践中和之后,在北师大的历史学教学研究中陆续提出了作为历史学新方向的"影像史学"的学术概念,以期在传统历史学语言系统和影视表达之间建立科学沟通的桥梁。目前对相关的学术概念的初步论述著作已基本完成,相关内容期待与各位专家同仁共商。

"影像史学"作为学术概念提出是传统历史学研究和数字信息技术在高校历史学教学和研究结合的过程中实现的。面对数字应用技术的深入发展和高校文科学生在创新和就业等方面表现的不足,国家和教育部先后出台了系列文件,鼓励高校,特别是扶持文科院系开展以培养学生创新和动手能力为目标的实验室建设。2010 年,北京师范大学历史学院提出了"历史学研究成果走向社会"的发展目标,学院大力支持历史学研究方式和领域的创新,并鼓励作者凭借多年在央视从事历史题材影视纪录片编导(编剧)的工作经验,依靠历史学的研究背景，承担了以学校投入为主、学院使用管理的"影像史学教学实验室"的建设项目，截至2020年年底，已完成六期项目建设。从设备配置到技术实验，从实验项目规划到相关课程的开设和衔接，历史影像实验室围绕传统历史学的发展和创新发挥了不同功能。

围绕历史影像实验课题，笔者先后为历史学专业的学生和全校本科生开设了"文物摄影与文博应用技术""文物流传与影像历史""历史文化记录与影像历史"和"历史影像与文化创意"等课程，此外还为研究生开设了课程"影像史学专题研究"。这些课程深受学生欢迎，受实验室授课条件的限制，多数课程选课名额供不应求。在此基础上，2013年，北师大历史学院设置了"影像史学"硕士研究生招生方向，完成了高校本、硕课程的衔接，并在育人实践中取得了良好的效果，央视、国博、多家高校等用人单位多次明确提出欢迎该方向的硕士生。"影像史学"从提出概念到走向理论研究和实践检验，探索出了一条可行的路径。

二、"影像史学"是中国传统史料学思想在图像信息时代的延续和发展

在传统历史学研究的成果和基础上，在传统文献史料、历史学研究思想和现代影像技术，特别是数字影像技术结合的过程中，北师大历史学院最早开展了历史影像研究的实验教学。以"影像史学"为中心，教师开设的本、硕课程相互衔接、相互促进，从影像采集的基础学习逐步深化到理论认识和实践输出。通过引进数字化影像技术和影像传播历史文化的理念，把传统历史学研究过程和成果进行影像化转化，在保存原始影像研究资料的同时，整理、发掘、研究重要历史影像史料，丰富了历史教学和科学研究的手段和内涵。实验室在现代数字技术和传统史学研究之间搭建了一座桥梁，数字化历史影像数据库的建设填补了数字化历史影像资料的空白。

建设历史影像研究数据库是影像史学研究的内容之一。2011年实验室开始着手筹建历史影像数据库。在配套项目的带动下，实验室不断开拓影像历史教学的视野，近4年来，实验室教师先后带领本校和留学学生300余人次赴中国文化遗产实地参加历史影像教学实习，在实践中认识中国文化传统。例如

2012年5月，实验室教师带领中国古代史方向的本科生和留学生赴西安兵马俑、乾陵、碑林等地参与文物影像的采集、文物模型的制作，和滑县秦腔艺人一起体验关中生活习俗并记录当地的婚丧习俗。2013年5月，组织带领50多名中国近现代史研究方向的研究生到河北冉庄地道战遗址和卢沟桥抗战纪念馆考察、记录抗日战争影像，组织有兴趣的学生参加抗战剧的摄制和创作。2014年，该实验研究中心组织教师参加了北京市委宣传部和北京市社科联主持的《中华文明五千年——中国故事》系列电视历史片的创作。

围绕国家文化战略，实验室组织实验室成员有计划地整理、保存了一批国际前沿教学科研、学术会议影像史料。组织学生对出版的纸质影像史料进行数字化编辑，建立了如《中国考古》《丝绸之路》《敦煌文献》《新疆考古》等数字影像资料。采集、创意历史图片3万多幅。历史文化影像实验室创意、策划、录制、合成的历史文化课程涉及世界古代史、中国古代史、中国近现代史、宗教学、中国古文字学等8个方向20多位著名学者的高清影像3000多分钟。整理、发掘、保存数字影像资料5000多GB，8000多分钟。动手参加实验的本科生有200多人，其中不少本科生除了掌握基本影像采集技术外，还能独立完成作品创作。目前，该实验室已经有步骤地建立了专家授课影像、历史图片数据、动态素材、老电影、历史纪录片、专题片等组成的历史影像数据库。其中包括受邀来自哈佛大学、耶鲁大学、希伯来大学、剑桥大学、早稻田大学、台湾"中研院"、中国社会科学院、清华大学等地的国内外著名专家、学者的研究访谈，北师大著名学者研究系列，非物质文化遗产系列纪录片等。这些历史影像数据对研究国家重大问题提供了形象、准确的新型史料。

三、历史学的语言学转向是"影像史学"理论研究的重要问题

语言学（linguistics）是以人类语言为研究对象的学科，探索范围包括语言的性质、功能、结构、运用和历史发展以及其他与语言有关的问题。语言学被普遍定义为对语言的一种科学化、系统化的理论研究。并且语言是人类最重要的交际工具，是思想的直接现实。

传统的语言学称为语文学,以研究古代文献和书面语为主。现代语言学则以当代语言和口语为主,而且研究的范围大大拓宽。语言学是为其他学科服务的。现代语言学是一门独立的学科,有其客观的研究对象、有自己的研究方法、有系统的学科理论,顾名思义,语言学是研究语言的本质、结构和发展规律的实证科学。

广义的语言学包括语文学。研究语言在某一时期的情况,叫作共时语言学;研究语言在不同时期所经历的变化,叫作历时语言学;对多种语言做综合研究,试图找出其中的共同规律,叫作普通语言学;把语言学知识运用于实际工作,叫应用语言学;通过语音和词形的比较追溯某些语言的亲属关系,叫历史比较语言学;用比较方法发现人类各种语言的某些共同现象,叫类型语言学;为了解决教学或翻译问题而对比两种语言的异同,叫对比语言学。

语言是生态的一部分。"没有脱离人的语言","脱离人的语言是不存在的","语言不能脱离人",这样一来,就能够避免无视"人"的"语言生态研究"。影像作为广为传播的语言,其生态具有划时代的特点,也是影像史学可以独立研究的立足点。

在一定意义上讲,史学研究的历史也是对记录历史的语言不断研究的历史。

史学研究的语言学转向体现在史料形式的转向上。从视觉认知和感受的角度看,史料可以分为文本史料、图像史料和实物史料三大类。文本是人类文明发展到一定阶段的产物,是人类为了更系统、准确地传达和沟通而创造的符号系统,图像则是人类对自然世界的模仿和想象所创造的另一种表现与传达的方式。事实上,在文字还未出现之前的史前时代,原始人类就已经开始制作和使用图像传递信息。直到今天,艺术史和视觉文化研究仍主要是以图像作为其研究的对象。

当今时代已进入了一个视觉图像为中心的时代。电影、电视、摄影、绘画、雕塑、建筑、广告、设计、动漫、游戏、多媒体等正在交互扮演着历史信息主宰者的角色。这个以图像为中心的时代也就是"图像时代"或"视觉文化"的时代。视觉文化研究是近年来国际学术界出现的一个新的跨学科研究领域。图像和视觉文化正逐渐成为学术和文化研究的中心。这是对影像材料和影像语言功能的一种认识。

中国近代史上留下了大量历史影像。仅上海一地，1931年到1935年间出版的与中日战事有关的摄影集就达十余种。社会和学术界都对抗战题材的历史图片有相当大的需求，但目前缺乏对此类史料的系统发掘和整理。事实上，抗日战争时期的影像史料不仅数量庞大，而且题材丰富，构成了史学研究中极为生动、真实、具有极高价值的图像、影像史料。

"语言学转向"是用来标识西方20世纪哲学与西方传统哲学之区别与转换的一个概念，即集中关注语言是20世纪西方哲学的一个显著特征，语言不再是传统哲学讨论中涉及的一个工具性的问题，而是成为哲学反思自身传统的一个起点和基础。

"语言学转向"最早由维也纳学派的古斯塔夫·伯格曼在《逻辑与实在》(*Logic and Reality*, 1964)一书中提出。他认为，所有的语言论哲学家都通过叙述确切的语言来叙述世界，构成了语言学的转向，语言成为日常语言哲学家与理想语言哲学家在方法上的基本出发点。

但使这个说法得到广泛流传和认同的，则主要缘于理查德·罗蒂所编的《语言学转向——哲学方法论文集》(*The Linguistic Turn: Essays in Philosophical Method*, 1967)一书的出版。

总体来看，两位学者对哲学新动向的总结针对的主要是英美分析哲学，其中包括作为先行者的弗雷格、罗素，在一定程度上受他们影响的是牛津日常语言学派和维也纳学派以及后来的逻辑实用主义和批判理性主义。他们共同展示了哲学研究中语言分析的不同方法和阶段。

历史学研究中的语言学转向[1]，是西方后现代历史哲学研究的重要问题。历史哲学中的后现代主义趋势、结构主义到解构主义的历史哲学演变、欧美后现代历史哲学的发展与现状、后现代历史叙事理论、历史叙事的诠释性、后现代历史隐喻理论、后现代语境中的历史客观性问题等，都对历史学的语言学转向提供了思考和研究的方法。

---

[1] 韩震、董立河：《历史学的语言学转向》，北京师范大学出版社，2008年。

四、作为实践的"影像史学"有显著的专业性和应用性

影像的科学技术特征和史学的严谨学术规范相结合是"影像史学"的专业性特征。这样的特征首先改变了传统史学教学和科研的模式，同时和时代技术进步与社会的需求紧密联系，表现出强力的史学应用性。

首先，"影像史学"教学和科研的效果体现在对学生的知识结构的改变上。就西方的学术传统来说，"历史"到了十九世纪才真正成为"专业化"（professionalized）的学问。这个时期各大学才纷纷设立历史系，成立专门的学术机构（institution），依照应有的学术训练或规定（discipline）培养人才，使他们能独立研究"历史"或从事历史教育。在中国的高校历史教学中，所注重的更多的也是学生对文献史料的理解和处理能力。而如果把影像运用于历史教学过程中，还可以充分发挥学生的动手能力，利用DV、相机等工具，让他们亲手记录身边即将逝去的历史。历史本身是有血有肉、多姿多彩的。从某种程度上说，故事就是历史，历史就是故事。传统的历史教学模式使学生感到历史距离他们很遥远，自己记录历史，使学生成为"历史本身的创造者"。因此，影像资源引入教学引发了新的变化。

其次，"影像史学"教学和研究促进了学生认知方式的转变，实现了历史教学中从获取文字类知识到实践创造性的转变。在北京师范大学历史学院新开设"文物摄影与文博应用技术"课程中，把中西交通史作为重要的教学内容，以文字史料、文字描述与静态图像、动态影像素材结合的方式，达到了"以图证史"的目的。教学中通过详细分析历史纪录片《敦煌》《故宫》等优秀影像的技术特征和历史文化创意，让学生亲身感受到了历史学和影像技术相结合带来的文化创意功能，从而产生更为浓厚的学习兴趣。

再次，知识结构的改变越来越深刻地影响着高校教学和研究。影像作为史料引进历史学教学，事实上近年来已经成为许多教师常用的教学手段，但如何使用影像材料实际上是专业性很强的问题。对声情并茂的影像史料的使用，可以使学生的主体性得到充分的发挥，对历史的理解和感受因此得以深化，教师由传统教学中知识的传授者，很大程度上需要转换成引导者，其中的转换不仅

是形式的更多的是内容。在此意义上，历史学教学和研究面临着新问题。事实上，在数字技术支撑的教学环境下，面对应用学习和传播工具前所未有的快速更新，学生和教师站在同一条起跑线上，传统教师"传道、授业、解惑"的方式和作用有减无增。这种学习和研究模式产生的影响在传统的、以传授知识为主要职能的历史学科尤其明显。学习和研究方式的变革、师生角色的转变使得现代教育对高校教师提出了更新、更高的定位和要求。

五、"影像史学"研究拓展了历史学社会化的功能

从最初将影像资料作为史学研究的辅助工具到近年来史学的叙事参与到大量历史纪录片的制作中，影像史学经历了一个逐步从观念、理论转向公众史学性质的实践应用过程。在传统历史学研究基础上，北京师范大学的"影像史学"已经初步形成了历史学文本写作和历史影像创作实践相结合的、较为成熟的教学、研究路径。

不仅如此，历史影像实验室的建立和系列课程的开设、相关课题的研究为"影像史学"从高校研究到服务社会需求搭建了稳固的桥梁。

该实验室自建成以来，先后与50多所著名高校和研究机构的专家建立了良好的交流合作关系，开展影像创作项目合作交流，接待专程来学习交流的国内高校同行300余人次。与中国社会科学院、清华大学、中国人民大学、山西大学、山东大学、首都师范大学、敦煌研究院、牡丹江学院、河北民族学院、文物出版社等高校、机构的专家建立起了顺畅的合作，不断开拓"影像史学"的发展空间。

历史影像实验及其成果产生了国际化影响，许多国际学者慕名来访。近三年，法国法兰西学院、法国巴黎高等师范学院、德国柏林自由大学、美国波士顿大学、美国南卡罗来纳军事要塞学院、荷兰阿姆斯特丹大学等来访专家学者达200多人次，国内外一批国际著名学者慕名前来交流，他们对实验室的建设和发挥的作用给予高度评价。

历史影像实验研究的影响不断扩大，推动了以"影像史学"研究为中心

的对外交流。2014年10月该实验室教师应邀参加了台湾地区政治大学主办的"影像中的近代中国学术研讨会"。2014年12月参加了国家汉办组织的"第九届孔子学院"大会，并在北京师范大学孔子学院年会上为合作办学的海外孔子学院院长做了"影像史学传播中国文化"的专题报告。

2015年和2016年的1月份，北京师范大学历史影像研究中心先后主办了两届"影像史学全国研讨会"，聚集了来自全国包括台湾辅仁大学在内的20多所高校的影像史学专家和中央电视台、国家博物馆等国内历史影像研究和传播机构的专家学者。在全国范围内就传统史学和国家影像传播相结合展开深入探讨。北京市委宣传部负责同志和直属部门的理论专家结合国家文化战略对文化创新研究的需求，参加了研讨会。

2015年月下旬，应英国曼彻斯特大学公共史学领域专家、BBC著名纪录片创作团队的邀请，作者专程访问了欧洲跨大学中国研究中心、曼彻斯特大学历史系和BBC总部，进一步探讨影像史学和国际化文化传播的关系，并初步形成了集研究和传播为一体的合作方案。

影像史学专家的研究和探索为影像史学研究搭建了中国文化对外传播的新平台。台湾中兴大学教授周梁楷最早将"影视史学"概念引进华人文化圈，在得知北京师范大学召开"首届全国影像史学学术研讨会"的消息，专门发来贺信，认为该研讨会的召开为两岸学术和文化交流架设了新桥梁。事实上，"首届全国影像史学学术研讨会"不仅有助于更好地讲述中国故事，促进历史学研究和中国文化传播，而且对于进一步加强中国文化在国际文化传播中的地位具有重要的学术研究价值和现实意义。

六、"影像史学"研究需要建立相适应的学术评价办法

科研成果评价是指对科研成果的工作质量、学术水平、实际应用和成熟程度等予以客观的、具体的、恰当的评价。

和以文献研究为中心的传统史学比较，从研究对象、研究方法和研究结论的评价等方面来说，以影像史料为核心的历史学研究都呈现出较为完整的跨学

科学术形态。

目前的历史学学术评价的基本方法有两种，一是基于内容的学术评价，即基于学术发展的内在规律和学科本身的逻辑结构的评价方法；另一种是基于形式的评价方法，即游离于学术研究之外，客观描述学术研究成果的外在特征和学术成果之间的形式联系，从而描绘出学术研究的形式化图景，达到学术评估的目的。这两种方法是相辅相成的，基于内容的评价显然是一种最符合逻辑的评价，形式化评价本质上是基于内容分析的评价方法的一种工具和补充方法。

但这种评价体系有明显的局限性。基于内容的评价是最符合逻辑的同行评议。这种评价受到评议人主观因素的影响较大。基于内容的评价主要依托在评价人对内容的理解，这往往受制于评价人学识、兴趣、情感等个人因素的影响，会降低学术评价的准确性、公正性。

"影像史学"研究的评价要充分考虑到跨学科的影响。影像技术的引入和可计量的新型史料的研究为传统史学的研究增加了科学性的手段和内涵。传统学术的严谨考证、现代影像技术的科学实证、当代历史影像表达的艺术化，这些特征的结合将引导"影像史学"的发展方向。

第三章

影像史学研究的基本问题

和以文献研究为中心的传统史学比较，无论从研究对象、研究方法和研究结论的评价，以影像史料为核心的历史学研究都呈现出较为完整的跨学科学术形态。传统学术的严谨考证、现代影像技术的科学实证、当代历史影像表达的艺术化特征相结合将引导影像史学的发展方向。作者在多年从事历史影像实践和思考的基础上，试图通过对影像史学基本问题的梳理，探索影像史学的研究规范，以期请教于方家。

一、研究对象

影像史学是以视觉影像材料和影像完成作品为主要研究对象，既包括书画、碑文、石刻、文物、古建筑等物质文化遗产[1]的影像化过程和成果，涵盖民族民俗、传统节庆和传承技艺等非物质文化遗产[2]的影像记录对象，也包括公共媒介音像作品等以视听为主要传播方式的历史文化产品。

（一）影像史学研究背景

1988 年，美国历史学家海登·怀特在其著作《书写史学和影像史学》中，率先提出"影视史学"的概念，即"以视觉影像和影片的论述，来传达历史以及我们对历史的见解"[3]。这可以视作以影像手段认识和研究历史的发端。

---

[1] 又称"有形文化遗产"，即传统意义上的"文化遗产"，根据《保护世界文化和自然遗产公约》(简称《世界遗产公约》)，包括历史文物、历史建筑、人类文化遗址。见 http://baike.baidu.com/view/245002.htm？fr=aladdin。

[2] 根据联合国教科文组织《保护非物质文化遗产公约》定义：非物质文化遗产（intangible cultural heritage）指被各群体、团体，有时为个人所视为其文化遗产的各种实践、表演、表现形式、知识体系和技能及其有关的工具、实物、工艺品和文化场所。见 http://baike.baidu.com/view/11090.htm？fr=aladdin。

[3] Hayden White: *Historiography and Historiophoty*, *American Historical Review*, Vol.93, NO.5, pp.1193–1198.

影像在史学研究中的作用，不仅在中国有传统①，在西方史学中也早有反映。苏格拉底的时代，书写的文本并不普遍。虽则公元前 5 世纪时，雅典的书籍数量已相当可观，书籍的交易也已开始发展。在希腊出土的雕塑和器物上，用形象表达思想的做法则更为常见。文本《圣经》的内容更是在教堂以壁画的形式讲述了基督教的兴衰。苏格拉底认为，书籍对记忆和知识有益，但真正的学者并不需要②。

（二）影像史料来源和采集

进入 20 世纪，建立在照相技术和模拟摄影技术基础上的数字化影像技术的飞速发展客观上对历史学研究的对象和方式产生了越来越深刻的影响，大量史料逐渐地以影像的形式呈现在学者们面前。史料的收集和研究经常面对新材料和因此出现的新问题。影像史料的属性和功能相对独特，有必要审视传统文献研究和影像史料之间的关系。史学遗产除了数不清的文献史料，也包含越来越丰富的历史影像。因此，对历史影像的整理、发掘、研究并应用到历史教学中，既是对传统历史研究的完善，也是对史学研究的发展。

历史学研究的社会化成果是影像史料的另一来源。历史研究社会化的过程，在一定意义上已经成为历史研究影像表达的过程。中央电视台播出的《百家讲坛》栏目内容以历史类题材为主，其中包含历史学研究的成果，这可以看作是数字化时代中国史学社会化传播的范例之一。同时也初步显现出现代媒体在传播史学中形成的新的语境规则。类似的传播方式除了要求讲授内容要经过选择，适应普通受众的需要外，影像语境下的语言节奏甚至情绪等细节，同样成为传播内容并直接影响着史学受众。可以看出，影视、影像媒介传播历史与传统书写史学运用史料的方法明显不同。随着数字化影像技术的不断发展，如何发掘、使用、保存、创作影像史料成为高校历史教学和研究的新课题。

（三）影像史料与文献史料的关系

对影像史料的认识和使用离不开想象和诠释，前提是建立在已有史实的基

---

① 参见拙文《从影像史料到影像史学》，杨共乐主编《史学理论与史学史月刊》，2013 年卷，第 3 页。
② ［加］阿尔维托·曼古埃尔：《阅读史》，吴昌杰译，商务印书馆，2002 年，第 76 页。

础上。影像史料和文献史料之间不可分割。

影像史学的基础仍然是以文献为中心的史料研究。史实和想象之间的空间是历史影像表达的空间。史实呈现的方式具有复杂性，既是历史事件的载体，同时也是思想融合的载体，包含丰富的创意元素。同样一个史实，由于诠释的方式不同所得出的结论也不尽相同甚至大相径庭。影像表述和史实本身的区别是逻辑真实和历史真实的区别。这种区别是由记录史实的手段与表达历史的方式不同造成的。

二、影像史料的特点和研究方法

影像史料的特点：影像史料具有影像语言（画面语言）的规范性特征。历史影像是直观视听形象系统，受制于记录技术；文字语言是一种抽象的符号系统，是由一系列词语按照一定的语法规则组合而成，用特定的语音或字形指代某一种事物或概念，形成语意。影像符号与文本语言符号不同，它是靠直面现实或影像中的现实认知而存在，认知的手段要借助于光电信息和机械技术。因此，和传统史料比较，影像作为史料具有更丰富的物理属性。

声音是影像史料的重要组成部分。与文字史料相比，影像史料中相当部分内容是以声音的形态出现的。口述历史或同期声采访是影像表达历史常用手段。口述的内容常因记忆等主观原因不显严谨，但其中充满了文字史料中难以记述的感性元素。狭义的影像语言即画面的叙述功能明显而辨析功能较弱。这客观上要求在使用影像资料时，要重视视觉之外的感性因素。广义的影像语言包含视觉和听觉的综合信息，实质是文献史料和影像史料的另一种形式的深度结合，因此研究影像史料不应忽视视听元素背后隐藏的文献史料。

以影像史料为对象的历史学研究应关注以下四方面的内容。

（一）以传统史学研究为基础的考证　影像史料和传统史料互相支撑

影像表达历史真实以多种史料为素材，影像史料呈现出立体化特征。历史影像中既包含对历史的真实描述，也不乏对历史真实的演绎，历史影像的双重属性是历史影像表达的两种路径。历史影像的产生需要以相对真实的史料为前提基础，同时，为能最大限度地接近历史真实，演绎是历史影像创作的常用方法。演绎应符合历史逻辑，是对历史复杂性的合理想象，也是对有限史料的补充。纪录片中常见的情景再现，注重以历史原材料为基础，较为客观地还原了以特定研究成果为背景的历史真实情景。

以"埃及艳后"这一著名历史影像为例：影片《埃及艳后》[①]中塑造的艳后形象与历史史实中真实的艳后形象有很大差别。有关艳后的容貌，普鲁塔克的《安东尼传》中写道："（艳后）说话娓娓动听，有一种风度。……舌头像一件装有许多根弦的乐器，能流利地换说她选择的任何一种语言。"[②]创作者根据这类充满影像化的叙述语言创作出了著名的"艳后"形象。影片中的艳后不仅美丽动人，更聪慧过人。而史料记载中，真实的埃及艳后是托勒密王朝的末代女王，生活于公元前 69 至公元前 30 年，是托勒密王朝的婚配制度下的产物。考古发现证明，这位"埃及艳后"仅仅一米五二的身高，身材微胖，着装简洁，齿也不整齐。可见，流传的历史和真实的历史有很大区别。然而，正是这些不同语言表达上的差距，为历史影像的创意提供了想象和辨识的空间。

事实上，以此历史事实为蓝本的"艳后"影像曾经不止一次地出现。在默片时代有《埃及艳后》，1934 年出现了黑白有声片《埃及艳后》，1945 年费雯·丽主演《恺撒与克里奥帕特拉》，1963 年再拍《埃及艳后》。这一历史题材反复再现，受众却并不感到乏善可陈，原因是每个时代的创作者对同一历史事件和人物的历史认知和价值评判并不相同，导致演绎方式也有区别。

历史影像是复杂的，历史事实是客观的，它的客观性体现在历史学研究成果中。影像史料和传统史料相互支撑，这是影像史学工作者眼中应有的历史影像。

（二）以影像技术为标准的实证　影像史料的判断和影像技术进步密切联系

画面是影像语言中最小的语意单元，它以不同的景别呈现在影像作品中。

---

① 同一历史题材的《埃及艳后》有多个电影版本，下文会涉及。
② ［希］普鲁塔克：《希腊罗马名人传》，陆永庭等译，商务印书馆，1995 年。

画面有指意特征，由画面构成的影像既具有再现真实的客观性，又隐含了创作者某种指意特性。这是研究历史影像需要重视这一时期影像创作观念的原因。影像首先是具象的，通过镜头的衔接产生流动影像的叙述效果。每个画面或镜头作为一个叙述历史的单元，其基本的构成要素首先是画面主体的行为，这个行为使内容有史料意义；其次是历史情境，画面提供一个发生的环境、氛围和缘由。

单个镜头叙述的是片段，是不完整的。因此，影像要完整叙述历史必须借助影像编辑系统合成后方能呈现，正如传统史学的文献需要人运用纸笔编纂才能形成历史学研究成果。

（三）以艺术创作为视角的互证　历史观念和文化观念相结合形成历史影像表达

影像语言表达历史需要借助艺术化的感性手段。正因如此，正确分析历史影像要重视影像创作的规律。对历史影像的研究除了重视材料来源考证的严谨，影像技术的规范，也离不开对影像材料诸元素之间的有效组接，不同的影像元素组接产生不同的表达意义。"没有想象的帮助不能完成历史构建"。[①] 影像语言有不同的概念层次，从宏观的语言交流层面，影像语言是书写视听作品使用的一种特殊形态的语言，它是作者表达思想、进行交流的工具，是与口语具有同等性质的思维成果。

影像（image）是屏幕上显现出来的物质现实的存在形式。仅仅局限于影像内容的呈现顺序来评价影像的价值是狭隘的。影像具备历史价值的前提是：它是一种"影像的意义系统"[②]。常见的历史影像，既有视觉上完整的表现形式，还包含有创作者个人情感和对历史情感的体现。在这个过程中，历史符号在影像表达中的作用不可忽视。

历史文化的符号性特征是影像语言表达历史的重要体现。历史文化都有其标志性的符号，通过历史符号可以更直接和准确地表达历史。

---

① ［意］克罗齐：《作为思想和行动的历史》，田时纲译，中国社会科学出版社，2003年，第97页。
② 钟大年、雷建军：《纪录片：影像意义系统》，北京师范大学出版社，2006年，第23页。

象征历史事物的符号 例如"饕餮"的本意是双目巨大、下颚有力、獠牙弯曲的怪兽,尧帝时候已经存在,舜帝将之逐出王国。之后"饕餮纹"用于装饰。而如今其代表的意思与最初的意义有了很大的不同,现在"饕餮"不代表任何特定的动物,而是指贪食者、纵欲贪婪的人。此外,影像中描述的"饕餮"因其令人恐惧的面目被想象为有辟邪的作用,符号的意义体现在历史影像表达中。

历史思想的象征性符号 佛教中的"菩提"是佛教思想的象征,同时已成为传播佛理的标志。"菩提树"一词,在梵语中意思是智慧之树,最初来源于佛教教义。佛经中记载,释迦牟尼在此树下苦思人间悲苦和尘世欢乐,终于顿悟真理,超凡脱俗,因此又称为"思维树"。

"菩提"的形象伴随着佛教东传不断发生着演变。佛教传入中国,"菩提"一词的含义也逐渐融入中国文化,成为慈悲、博爱的象征。"菩提树"传递的情感,已经不是原本意义,而成为一种包含哲学思想与文化情感的影像符号。每一个象征性历史符号跟历史影像都有时空上的承接关系,每一个符号的考证都是一段历史影像的展开。运用历史符号是历史影像表达的基本方法。

历史人物的象征性符号 中国民间春节常有在门上挂秦叔宝和尉迟敬德"门神"的风俗。白脸的秦琼、黑脸尉迟成为中国春节象征平安的影像表达。反映这一影像的典故记载在《旧唐书》中。利用情感寄托的象征性、历史人物或事件的象征性是历史影像表达的另一种常用方法。

此外,历史影像表达中还常用色彩的象征性符号。最典型的如指代婚、丧大事的代名词:红白事。

(四)以影像技术为时代特征 科技进步在历史影像中真实显现

影像记录技术是影像表达的重要基础。历史影像给人的印象是真实的。早期的写实主义的绘画和照相机带来的视觉经验最早让人感受到了光影造就的情景真实感。其后不久,动态影像——电影的出现产生了更加逼真的记录效果。1895年,电影《火车进站》首次公映,甚至因为前所未有的逼真差点吓坏观众。1916年,《索姆河战役》在英国上映,它让全伦敦人深感战争的恐惧,人们以为那是战场的真实记录,实则是战后在后方组织的拍摄。从此,"照相机不会说谎"的观念一度深入人心。事实是,从影像中的人物到光线、景致、对话、出现顺序,无一不是编导的结果。但这似乎并未影响影像作为史料的作用。影像提供事件的线索、细节的真实;照相、电影、电视、印刷图片"间接的现实"延伸到更为广泛的领域。计算机技术发展到今天,3D影像给人的真实感已到乱真的程度。如果不对影像技术有所研究,很容易走进"有图有真相"简单判断的误区。

"情境再现"是历史影像中常见的手法。即使是广为流传的历史影像"再现"也不是简单复制。历史的真实可以为虚拟的真实提供支撑。1968年公开放映的美国大片《2001太空漫游》,被认为是第一部使用计算机图形的故事片。那时,计算机尚不为大多数人熟知。电影中的画面如数字化仪表、太空的失重、月球表面的材质、太空船的设计和后来的发现、发明如出一辙。事实是所有的计算机图形都是当时的手动绘画。特技影像甚至比真人模拟更具真实感,而这种影像效果却是来自光学和实物模型。[1]

影像还原是影像表达的另一种技术手段。影像还原依赖于摄影机的光学物理性能和摄影的技术手段,如拍摄角度、照明方式、曝光控制、拍摄手法等。从视觉效果来讲,正确的影像还原是要使人们从视觉感受上能够获得逼真的现实印象。

20世纪后半叶,数字技术在历史真实与影像真实之间建立起了沟通的桥梁。合成的影像开始进入人们的物质生活和精神领域。20世纪60年代初期,美国麻省理工学院的合成影像借助电子游戏、电影和电视吸引大众的视觉;到20世纪末,数字影像已经深入人类活动的各个领域,几乎无人能避开数字化影像的存在。数字模拟技术广泛应用于航天等科技领域和体能训练等日常生活。"一幅合成的影像胜过千万语言。"[2] 不研究20世纪以来影像技术对社会的影响,就很难正确判断这一时代的影像蕴含的历史真实。

---

[1] 屠明非:《电影技术艺术互动史》,中国电影出版社,2009年,第40页。
[2] [法]洛朗·朱利耶:《合成的影像——从技术到美学》,郭昌京译、巫明明校译,中国电影出版社,2008年,第33页。

三、影像表达历史的结论评价

（一）影像史料来源应注重多向性

和传统史料学的"史料互证"相比，影像表达历史需要建构"立体史料"，否则不足以表达历史真实。为此，影像史料的选择应该是多维度的。

影像史料的多向性常表现在历史事件和现实存在的结合点上，其中有科学性的存在，也有人文性的形式。具体说，与历史问题相关的影像，有大全景、小全景；有人物群像、个体特写；有现实生活、情境复原；有历史遗迹、考古发现；有传统影像如画作，也有数字技术模拟的远古场面；有当事人的口述，也有相关专家的解读；有现实的情境，也有历史的钩沉。历史影像表达就是充分利用上述多维的史料，通过不断更新的影像应用软件把具有历史意义的画面按照镜头语言的语法组合剪辑，最终形成表达历史思想的影像语言结构。

（二）影像史料的采集、编辑和形成影像表达有确切的主观判断

对历史影像的解读受各种因素的制约，经常呈现出主观性。《庄严圣母》像本来是挂在教堂的主祭台，看的方式不同，看到的也就不同。[①]

历史学一旦出现就带有明显的情感色彩。撰写别人的历史和撰写自己的历史在情感感受上不会相同。历史情感跟历史理性结合产生的历史影像表达也同样包含丰富的感性成分。一般说来，影像表达历史有两种基本思路：

1. 按照时间的顺序"顺流而下"

即按照历史沉淀的顺序梳理历史，它是一种时间概念上的梳理。可以理解为按史书记载的逻辑，或者称为"历史的逻辑"的方向。书写史学常常采用这样的方式。其特点是，思路清晰、明确，更符合人们的思维习惯。将不同时空的历史元素通过意义相通的历史符号，按照时间线索集中在同一时间点上，体

[①] [法]达尼埃尔·阿拉斯（Daniel Arasse）：《绘画史事》，孙凯译，董强审校，北京大学出版社，2007年，第169页。

现出影像的跨时空功能。这种思路下的历史影像表达相对更为客观，减少了主创者主观解释历史的野心。

2. 依据从今溯古的程序"逆流而上"

即从"当下"出发对历史倒叙。这种做法能更多激发对已有历史记载的质疑和思考。正史史书也是经过主观删减、整理修订的结果，对历史记忆"各取所需"的结果使文字历史和历史真相之间的距离越来越远。所以在使用影像材料时，首先应全方位质疑材料的来源，经过考证之后再选择使用编辑合成的方式。这种思路用在历史影像的创意中往往会带给受众或读者更丰富的历史审美体验，影像表达也更能引人深思。历史学研究不能盖棺定论。

（三）历史思想的影像表达呈现出影像语言的综合性

完整的历史影像是影像表达和文字表达的有机结合，具有典型的时间和空间结合的综合性特征。

纪实性影像语言是历史影像表达的基础。根据纪实性语言在历史表达中的运用处理，可以分为叙述语言和表意语言。表意语言如前所述，是符号化了的历史影像。叙述历史语言擅长营造一种在场真实感，是历史题材类纪录片常用手法，此类影像语言在叙述历史事件中具有更便捷、直观的优势。

影像表达注重结合细节影像。影像语言中的特写往往具有文献记录无法达到的作用。影像叙述历史就是把历史影像化。

影像语言通过视觉信息的载体——图像和听觉的载体——声音，同受众交流，或讲述故事，或抒发情感，或表达念，功能全面。从受众的角度，这种表现力来自对历史影像包含的历史问题的思考，也包含对其中的音乐、对话、解说、特效、历史情节、视听审美综合感受获得的历史情感体验。

电影《勇敢的心》[①]塑造了一位为思想自由和国家独立而不惜赴死的主人公形象"英雄华莱士"。或许真实历史中并不存在完全相同的人物形象，但一定

---

① 电影《勇敢的心》以13—14世纪英格兰的宫廷政治为背景，以战争为核心，讲述了苏格兰起义领袖威廉·华莱士与英格兰统治者间不屈不挠斗争的故事。

存在"华莱士"一样的人物或事件。"华莱士"仅仅是时代的一个影像，一个抽象出来的历史符号，甚至整部电影就是一次典型地将历史抽象的过程。从一段浓缩的历史中抽象出一个影像，这个过程充满着感性色彩和主观创意，充满着对历史的个人解释。从影像史学研究的角度，这样的解释是在对历史的理性思考和史实逻辑推理的基础上实现的。

第四章

影像史学视野下的历史纪录片

——以《周恩来外交风云》*为例看文献纪录片的史料价值

---

* 1998年中央新闻纪录电影制片厂、北京建基影视公司联合摄制。编导傅红星主创了多部历史题材纪录片,曾任中国电影资料馆馆长。

纪录片是记录历史信息的重要载体，历史题材的纪录片备受学者关注。其包含的历史信息体现在画面和声音中，同时和叙事的结构与节奏相关联。影像资料和声音资料尤其是研究近现代、当代历史不可或缺的史料。

一、文献记录与影像表达

史料是研究历史的基础。按照陈寅恪先生的治史原则，史料运用一是尽可能扩充领域；二是取材详备，宁详勿略。"历史研究，资料范围尽可能扩大，结论则要尽可能缩小，考证要求合实际。"[①]

随着近代影像技术的发展，以纪录电影、纪录片为中心的历史影像（作品）因其承载的丰富历史信息越来越受到史学界的关注。纪录片因其相对的客观性和丰富的信息承载，其史料价值更加凸显。

从纪录电影发展而来的纪录片，尤其是文献纪录片，对创作者有明确的学术化要求。它不仅要求作为创作核心的编导人员研究影像主体的时代特征，还要研究影像主体的日常生活、专业方向甚至情趣爱好。文献性和档案性是纪录片的自然属性。[②] 纪录片的素材来源具有史料积累的特性，丰富的素材是产生优秀纪录片的必要条件。为达到对创作对象的准确把握，一部成功的纪录片从策划到完成历时十年、二十年并不鲜见。

从影像记录的发展史看，纪录片既是电影的最初模式，也是电影的最高形

---

① 陈述：《陈寅恪先生手书信札附记》，载王永兴主编《纪念陈寅恪先生百年诞辰学术论文集》，江西教育出版社，1994年，第1页。转引自齐世荣：《史料五讲》，首都师范大学出版社，2014年，第26页。
② 英文中"文献"和"记录"之间的关系较为明确。Document：证明、记录，为……提供证明。Documentary：纪录片。

态。因为,在所有以追求真善美为标准的视听语言中,纪录片对真实的追求是第一位的。①

纪录片是用视听语言记录时间空间变化的载体,是历史的形象记录,是和文字记录历史显著不同的表达形式。"一个国家没有纪录片,就好像一个家庭没有相册。"②纪录片具有强大的认知功能和其它片种无法取代的叙事结构,从一定意义上说,这是影像纪实的力量。

在众多的纪录片类型中,文献纪录片是最具历史特色的片种。文献纪录片是把文献记录和历史影像相结合,"利用以往拍摄的新闻片、纪录片、影片素材以及相关的真实文件档案、照片、实物等作为素材进行创作,采访当事人或与之相关的人物和事件,客观叙述某一历史时期、历史事件或历史人物的纪录片"③。在西方,这种纪录片通常称为汇编影片(Compilation Film)。美国电影史学家埃利克·巴尔诺认为,文献纪录片是苏联电影工作者在20世纪20年代确立的一种纪录片类型。完成于1926年的影片《罗曼诺夫王朝的灭亡》第一次用和传统文字叙述完全不同的、影像的模式讲述了一个王朝的衰亡,是世界文献纪录片的开端。④

文献纪录片以其显著的文献特征成为纪录片家族中的特别类型。它通常从各种文献资料中提取历史影像信息,通过记录式拍摄和编辑合成最终形成完整的历史影像表达。作为历史表达的一种模式,文献记录的方式客观上遵循了尊重史实的原则,创作中强调历史意识和文献意识。"它是利用现代传媒技术对人类活动的原始记录,即对档案资料进行编纂公布,并辅以现场采访、实地拍摄、后期制作等多种手段而形成的高品位的'精神产品'。""这种影视纪录片大多比较完整地展现某一历史事件的始末或某一特定人物的生平,既可以以事

---

① 傅红星:《〈周恩来外交风云〉导演手记》,《北京电影学院学报》,1998年第3期,第9页。
② 康宁:《纪录片与国家的关系》,何苏六主编《中国纪录片发展报告(2011)》,社会科学文献出版社,2011年,第43页。
③ 傅红星:《写在胶片上的历史》,单万里主编《纪录电影文献》,中国广播电视出版社,2001年,第486页。
④ 单万里、张宗伟主编:《纪录电影分析》,中国广播电视出版社,2007年,第312页。

物、事件为表现对象,也可以以人物为表现对象。"① 文献纪录片所叙述的史实须有文献依据,其来源是具有史证价值的一切素材,是对大量珍贵的历史原始资料分析、综合,并有效地运用和组织,其目的在于客观、形象地讲述历史;它综合运用了诸如声音、文字、影像资料、实物、地理、历史环境等多种形式的史料,以期还原历史真相。基于此认识,文献纪录片可以成为认识历史的新途径,也是获取可靠史料的新载体。

文献纪录片《周恩来外交风云》为我们提供了很好的范例。

二、历史纪录片的选题和编导

纪录片《周恩来外交风云》是在历史文献资料基础上整理、寻找、发现、归纳和选择的结果。②

《周恩来外交风云》是 1998 年由中央新闻纪录电影制片厂主导的,为纪念周恩来诞辰 100 周年特别制作的文献纪录片。该片 400 多个拷贝在一周之内进入大陆各地电影院,票房突破 3500 万,名列 1998 年全国票房之首。③ 该片获 1997 年度中国电影华表奖"优秀纪录片奖"、1998 年第 18 届中国电影金鸡奖"最佳纪录片奖"以及第五届北京大学生电影节最佳纪录片奖、最受大学生欢迎的影片等多项殊荣。④ 这部纪录片包含的丰富史料、合理的结构和恰当的节奏令受众印象深刻。

《周恩来外交风云》以 1938—1977 年间的外交历程为线索,以丰富的外交档案和文献史料为纪录片的叙事基础,以重要的外交事件为相对独立的叙事模块,以视听元素的综合运用为叙述手段,生动再现了 60 年间新中国外交的整体布局和重要节点。"《周恩来外交风云》影片是新中国外交史的一部教科书。"⑤

---

① 周兰:《纪录片——影像对历史的传播》,四川大学出版社,2010 年,第 84、85 页。
② 傅红星:《〈周恩来外交风云〉导演手记》,《北京电影学院学报》,1998 年第 3 期,第 9 页。
③ 单万里、张宗伟主编:《纪录电影分析》,中国广播电视出版社,2007 年,第 312 页。
④ 同上。
⑤ 1998 年,时任国务院副总理钱其琛为该片题词。见傅红星编著:《纪念周恩来诞辰一百周年——周恩来外交风云》,广州花城出版社,1998 年,扉页。

三、历史纪录片的史料形态

真实感和权威性是纪录片的命运所系。① 文献纪录片对影像素材的史料化运用是纪录片历史价值的体现。记录者的现场存在、记录设备的科学性存储决定了纪录片素材的真实性与客观性。事实上，除了电视台现场直播是正在进行时态外，所有经过拍摄、洗印、加工再成片的内容都是过去时。事件一经摄影机记录，该画面便具有了文献价值。② 通常意义上的史料，是指那些人类社会历史在发展过程中遗留下来的、能够帮助后来的人认识、解释和重构历史过程的痕迹，如遗迹、文字、图片、器物、影像、声音等。纪录片的文献价值是由其自身追求真实记录的原则决定的，因此，纪录片本身蕴含了深刻的历史理性。《周恩来外交风云》选取内容不仅浓缩了新中国外交史上的重大事件和重要人物，还采访了包括三代中国国家领导人和上百名外国政要。这些影像主体见证、回顾了重要历史时期重大决策的提出、实施和影响，构成研究周恩来特别是其外交活动的重要史料来源，其史料价值不在一般文献史料之下。

优秀的纪录片是历史文献和影像记录的有机统一。历史文献和影像记录之间一般包含以下几种关系：史实记载和现实表达，历史形象与画面形象，学术表达和文学表达，纪实性和艺术性等。这些视听诸元素因为记录的作用最终以视觉和听觉信息在纪录片中得到呈现。

（一）作为史料的动态和静态影像

和一般意义上的影像相比，历史文献纪录片的史料价值通常以动态影像（摄像）和静态影像（照相）的形式呈现。影像记录是对历史本身最直接的再现，是比文字史料记录历史更接近记录对象的历史存储。《周恩来外交风云》以文献性的电影资料叙事为主体，加入亲历者的访谈；在尊重历史和真实的原则下适度运用写意的方法，提升了影像叙事的审美意味和想象空间。为此，该

---

① [美]埃里克·巴尔诺：《世界纪录电影史》，中国电影出版社，1992年，第282页。
② 单万里、张宗伟主编：《纪录电影分析》，中国广播电视出版社，2007年，第312页。

片运用了大量鲜为人知的纪实性影片资料，其中包括一部分从国外购进的珍贵资料。影片中最早的镜头摄于1938年，70%以上的细节镜头在当时是首次在我国银幕上出现。[①] 影像自身散发的历史感，影像信息传达的跨越时空的新闻性，在全新的模式下实现了最大限度的历史还原。

作为著名外交家，记录周恩来的历史影像资料丰富，既包括具有历史意义的瞬间定格，也有丰富多彩的动态过程。《周恩来外交风云》选择了他一生中外交生涯的几个代表性片段，把周恩来的个人外交才华融入复杂的国家间的外交格局中。影像素材充分彰显了历史情境的真实，同时影像用不同的构图效果凸现了重要历史关头历史人物不可取代的作用。影像记录了历史事件，同时也塑造了历史人物。

不仅如此，《周恩来外交风云》发挥画面表现纪实的特长：周恩来在会见外国政要时，即使在盛夏，他也总是穿着得体又朴素的中山装。纪录片通过近景构图，以着装特写的镜头清晰而深刻地传达了新中国庄重而平等的外交理念。

人物采访是文献纪录片影像史料价值的另一体现。"人物采访能直截了当地达到目的，绕半天不如当事人开口来得方便明了。"[②] 口述材料的史料价值在于全面和互证。六十年中国外交史，见证人不胜枚举。在编辑《周恩来外交风云》的采访对象时，创作者最终确定的是与周恩来直接打过交道的柬埔寨国王西哈努克、斯里兰卡前总理西丽玛沃·班达拉奈克、坦桑尼亚前总统尼雷尔、英国前首相爱德华·希斯、美国前国务卿亨利·基辛格。他们五个人既代表了对亚、非、欧、美的全球视野，也包含了主要种族和性别，甚至包括了和周恩来并不相同的政治信仰者。对这些国际上重要人物的采访，不仅形成了研究周恩来的口述史料，也是研究这一时期中国外交整体风格和国际影响的综合史料，其影像和声音同时也是中国学者研究同时期被采访者的难得史料。

正如传统史学研究需要科学推理一样，视觉上由点到面的不完全归纳是文献纪录片表达历史的常用方法。

---

① 傅红星：《〈周恩来外交风云〉导演手记》，《北京电影学院学报》，1998年第3期，第11页。
② 同上，第12页。

（二）以影像形式出现的档案手记

《周恩来外交风云》涉及大量一手文字史料，这是研究周恩来外交活动的重要材料。剪辑进入成片的有：1949 年中央人民政府任命周恩来为外交部部长的通知书、1949 年毛泽东访问苏联时发回的电报、1955 年万隆会议周恩来的发言稿等。这些文献资料通过摄影机以影像的形式出现在影片中，非但没有降低其作为史料的证史作用，而且大大增强了影像的历史特征。

值得注意的是，文献纪录片中的图像史料是经过剪辑的片段，是原本完整史料的一部分。如 1955 年万隆会议周恩来的发言稿，在该片中只能看到局部特写，史料功能大受局限，要真正研究相关课题时，还须参照完整的发言稿。

（三）作为史料的声音

声音是文字的另类呈现，是纪录片中和画面元素同等重要的叙事线索。《周恩来外交风云》在 90 分钟片长中，讲了 30 个故事，用了 1700 多个镜头，包括重要人物的同期采访声。声音把丰富的画面接成一个叙事整体。文献纪录片常用的声音形式有画外解说词、同期采访声、配音音乐、特殊音效等。

1. 画外解说词

解说词是纪录片表达历史观点的重要载体，是对视觉影像的有效补充和引导。如果说视觉展示的是历史的空间感，听觉则更擅长表达的是历史的纵深感。视觉和听觉信息的互相不可替代性决定了作为声音出现的解说词在字面上看起来一般是不连贯的。解说词是对画面信息和前后关系的承接。它不能取代镜头语言和其他视听元素，能够引导但无法代替观众的审视和思考。

成功的纪录片解说词包含了对历史影像和其蕴含的历史价值的研究和判断。纪录片《周恩来外交风云》开片对一张历史照片做了这样的解说：

> 54 年前，1944 年 7 月，在第二次世界大战结束前夕，为了取得抗日战争的最后胜利，经中国共产党主管外事工作的周恩来提议并发出邀请，美国方面派了一个军事观察小组到延安。
>
> 站在周恩来旁边的这个人叫谢伟思，他是当时的美国驻华外交官。40

年代初,他和周恩来在重庆就有交往。

　　毛泽东和周恩来与这些美国人多次谈论中美关系。毛泽东说,美国同中国共产党合作对于一切有关方面都是有益的和值得高兴的。谢伟思等人考察延安后给美国国务院的报告中提到"最终赢得中国的将是中国共产党"。建议美国政府调整对华政策。然而,美国政府坚持扶蒋反共。后来谢伟思也遭到迫害。

　　直到70年代初,谢伟思受到周恩来邀请访问中国时,还未恢复名誉。谢伟思说:"美国坚持遏制中国的政策,就是因为对中共存在误解和缺乏认识。"①

　　文献纪录片解说词有显著的主观表达特征。纪录片的价值不仅仅在于它保存和重现的历史是具有历史价值和参考价值的资料,它本身就是极富价值的"文献"。它是对过去一段历史的影像表现。这段影像记录的历史是纪录片人眼中的历史,必然附着上时代的烙印,使"历史成为当代史"。文献纪录片解说词推崇高度凝练,却并不降低解说词表达当下史观的功能。解说词的文字内涵对整部纪录片有显著的引导作用。

　　文献纪录片解说词通常包含丰富的历史想象。在前期构思和解说词的基础上完成纪录片的拍摄制作是早期纪录片常用的创作手法。《周恩来外交风云》在占有、研究大量的文献影视资料的基础上,通过解说词完成历史影像的初步表达。整部影片除了画面能让受众了解发生的时间、事件、当事人物外,还可以帮助受众透过画面中的情景,理清画面背后的信息,使得画面内容更加丰富。如,在纪录片《周恩来外交风云》"志愿军归国庆功宴"画面背后是这样的解说:

　　　　当志愿军将士凯旋时,周恩来亲自去车站迎接。随后,周恩来在北京

---

　　① 傅红星编著:《纪念周恩来诞辰一百周年——周恩来外交风云》,广州花城出版社,1998年,第4—11页。

饭店举行盛大宴会。那天,周恩来特别高兴。一开始,他就满怀激情地说:"要请大家喝庆功酒,要动真格的,喝我国的名酒贵州茅台。"那天,谁也没数周恩来喝了多少杯酒,几乎所有的代表都和周恩来碰了杯。第二天,周恩来醉卧了一天。①

文献纪录片解说词直接带给观众史实,是纪录片传播历史的直接载体。有的影像虽然记录了某件事情的场景或者经过,但影像背后的历史根源复杂,这时解说词的作用是直接引导受众对影像的再认识。

文献纪录片以视听记录为主要手段,画外解说词需和画面内容相得益彰。《周恩来外交风云》无论在原有文献影像的选择上,还是解说词的叙述上,都带有明确的创作主观倾向。但正是由于片中视听元素的有机匹配使得《周恩来外交风云》的叙事解说更显客观。影片自始至终除个别地方使用了常规特效,基本上采用常规的剪辑方法,即按照镜头语言的一般规则,选择规范的剪辑点来切换组接。景别的丰富性使得影片更加真实、自然、流畅。

解说词可以作为影像的释读依据,也可以为研究者提供一手文字史料的查找方向和线索。但在利用文献记录史料时,研究者能准确地区分影片中的纪实片段和写意手法。

画外解说的声音不仅包含文字信息,还包含丰富的历史情感。画外解说将观众带入预设的特定情境,使得声音本身既有历史的怀念,又要充满现实的关切。《周恩来外交风云》画外解说声音是对周恩来个人外交经历和魅力的塑造,更是对国家政策的解读和回顾。解说从音质和节奏都应和画面内容、解说文本融为一体,共同形成一段影像表达的历史记忆。

2. 同期采访声

同期采访声是和影像同步录制的采访者和被采访者的声音。在拍摄记录状态下,同时记录下的声音元素包括环境声、背景声以及采访者的言语和拍摄场

---

① 傅红星编著:《纪念周恩来诞辰一百周年——周恩来外交风云》,广州花城出版社,1998年,第4—11页。

景中有声源的自然声音。同期声能够增强现场的真实感,把观众带入纪录片所表现的环境和氛围中,从而达到对历史情境的完整复原。同期声还具有强大的叙事和传递信息的能力,既给观众提供多元化的视点,又可拓展对事物报道的纵深度。此外,现场同期声还可以增强受众的参与性,使影像叙述历史更加完整。

纪录片《周恩来外交风云》中标志性的同期声有以下几处:

影片开始毛泽东宣布新中国成立;第 31 分 01 秒:周恩来谈中美关系;第 48 分 22 秒:周恩来在签订中缅边境条约时的讲话;第 50 分 04 秒:1960 年 4 月,周恩来在新德里就中印问题的讲话;第 81 分 23 秒:周恩来在尼克松访华欢迎宴上的讲话;第 82 分 23 秒:尼克松讲话。在重大历史事件面前,同期采访的声音呈现出第一手史料的特点。

纪录片叙事结构和节奏以及画面的指向性特征决定了纪录片出现的同期声不宜过长。影片中少量的同期声往往成为珍贵的声音史料。毛泽东、周恩来、尼克松等人的真实视听资料的使用,使得历史氛围更加真切,历史信息更加丰富。《周恩来外交风云》中,时任中共中央总书记的江泽民有这样的同期采访声:

> 新中国成立后,周恩来总理曾长期主持外交工作,曾制定并创造性地贯彻了我国独立自主的和平外交政策……他所经历的外交风云,表现的外交风格,积累的外交工作经验,都值得我们认真地了解,总结和学习,这对我们在当今纷繁复杂的国际形势下,努力开创我国外交工作新局面,具有重要意义。①

显然,这样的同期采访声包含了严肃的价值判断,已超越了普通人物采访的史料价值。

和档案文献史料的使用遇到的问题相似,作为史料的同期声因为剪辑的原因,常和解说词提供的信息交叉,导致其史料价值受到局限。因此,完整意

---

① 参见傅红星编导,中央新闻纪录电影制片厂出品,《周恩来外交风云》片头部分;傅红星编著:《纪念周恩来诞辰一百周年——周恩来外交风云》,广州花城出版社,1998 年,扉页。

义上的影像史料既包括影像完成作品，也包括相关的影像原始素材。

3. 音乐

音乐在纪录片中有烘托环境、人物、背景，营造客观真实氛围的作用。它以非理性的形式记录历史，是推动纪录片情节发展的重要手段和无形纽带。恰当的音乐节奏，可以使作品的叙事结构更加严谨，它连接画面和解说，从而使受众对影像叙史有更全面的体验。

（四）作为史料的纪录片作品

从文献到纪录片的过程也是史料形态转化的过程。作为文献的历史信息和其他的史料形态通过视听技术的合成，构成新的历史表达模式，也承载了新的史料信息。纪录片不是简单地"记录"，它更多的是运用多重史料和综合表达方法完成接近真实的表达。《周恩来外交风云》大量使用的是历史影像资料，为弥补已有史料的不足，同时使用了现实拍摄的影像，其中也不乏创作者的研究和合理想象[①]。现实的画面因技术指标较高给人审美的愉悦；历史资料虽相对画面粗糙，但因和现实之间的时空距离，其历史价值倍加凸显。文献纪录片用镜头语言的方式展示了史料的综合性和立体性。

四、作为史学表达的历史记录

20世纪以来的历史学，因为史料的多样化更显复杂。当代人写当代史，由于政治及其他种种原因常不够客观，但当代人写当代史能体现当代精神是后世著作不能取代的。《史记》的传诵和司马迁对他生存的时代有深刻认识分不开，当代人应当更多地记录当代的事。[②]

"各种类型的史料都有长处，也有短处，把他们综合起来，互相参照，研究的成果就有可能接近历史的真相。"[③] 文献纪录片为史学工作者提供了研习历

---

① 事实上，1976年周恩来逝世时，该影片的编导傅红星九岁，对周恩来知之甚少，直到1988年进入中央新闻纪录电影制片厂收集毛泽东记录影像时，才大量接触到周恩来的影像资料。
② 参见齐世荣:《史料五讲》，首都师范大学出版社，2014年，第184—188页。
③ 同上，第19页。

史的独特视角，也是记录、传承历史不可缺少且无法代替的重要手段，是现代史学研究中重要的史料来源和研究对象。近年来，以影像资料和声音素材为重要研究对象的"影像史学"的兴起，标志着历史文献纪录片的策划、创作、研究和使用进入了影像技术、创作艺术和史学学术相结合的新阶段。

第五章

影像史学视野下的历史电影

——以电影《一九四二》为例看历史影像中的史料问题

文字史料和影像史料来源不同、功能有别，是两种类型的史料客观存在形式。在证史的目的上，两种史料互补的作用明显。在历史学的意义上，从史学问题的提出、材料的组织和史学传播的方式，文字史料和影像史料之间都存在着密切联系。传统史料和影像史料结合是未来历史学研究的新路径。

一、作为史料的文字记录

　　历史学是一门关乎人类集体记忆的科学，丰富多样的史料是历史学研究的重要对象。"史料是研究历史的基础。"[①]不同形式的史料，其使用方式和存在的问题也不尽相同。史料问题是历史学研究的重要课题。

　　传统史学重视文献史料，对其研究的理论方法也更为系统成熟。同时，"随着历史研究的深入和范围的扩大，可取用的史料也越来越多"[②]。进入20世纪后半叶，传统文献的研究和使用不断面临如何有效和新媒体语言交互转化的问题。由于传统文献史料多以纸本书写为载体，在流转中容易出现失真、错漏，从而成为历史认识的障碍。陈寅恪主张"尽可能扩充史料的领域，自然重视新史料的发现"[③]。传统历史学研究及其成果除了面对专业学者的评价，也越来越深刻地受到社会文化传播需求的影响。传统史学表达和现代传播语言尤其是以视听为主要特征的影像表达之间需要建立起更加科学的沟通桥梁。在数字化影像传播历史日益成熟的背景下，如何认识传统史料和影像史料的关系尤其必要。"中国文献学上的史料之丰富，正如一座无尽的矿

[①②③] 齐世荣：《史料五讲》，首都师范大学出版社，2014年，第1页、第156页、第31页。

山……例如史部以外之群书上的史料，特别是历代以来文艺作品中的史料并没有系统地发掘出来，应用于历史的说明。""在文艺作品中，诗词歌赋，小说戏剧，都含有丰富的史料。"① 近代以来，以电影为代表的影像作品同样承载了丰富的史料信息。

历史题材的影像通常包含了文献史料和影像史料，二者以不同的形式共同呈现在历史影像作品中。

电影《一九四二》由大陆华谊兄弟公司和重庆电影集团联合出品。影片改编自报告文学《温故一九四二》②，2012年11月在中国内地上映。该片以1942年中国河南大旱，大批民众外出逃荒的历史为背景，以灾荒背景下的国民政府抗战、社会各阶层在大灾荒面前的不同反应、灾荒背景下日军施暴、灾民逃荒路上的经历为故事主体。2013年，该片获得了第32届香港电影金像奖最佳两岸华语电影，第3届北京国际电影节天坛奖最佳影片等奖。

电影《一九四二》的播出产生了广泛的社会影响，其原因是多方面的。从历史理性的视角可以看出，历史真实对历史影像的推动作用。电影涉及的情节大多都有历史依据可循，纵观全片，相关的历史材料贯穿其中。历史题材的电影为史学工作者提供了史料的新载体。以电影《一九四二》中表现的河南发生灾荒的基本史实为例：1943年春，《前锋报》记者李蕤为了探访河南旱灾灾情，入灾区考察，写下了《豫灾剪影》系列报道。其中在《喑哑的呼声》一文中记载："亲爱的读者：你们必须密切地注视这件事实，并且想办法改变这件事实，便是：河南一百一十县的三千万人，十分之九在饥寒交迫中，正在大批地死亡着，继续不断地死亡着。""他们曾经挣扎过：宰杀了他们平日爱如生命的鸡犬，宰杀了他们相依为命的耕牛，卖掉他们的锄头，然后卖出他们的土地，最后摘下他们的心头肉——卖了儿女，卖了老婆。然而，结局还是被死亡衔去。"③

电影《一九四二》从点到面叙述的正是相似的历史情境。以报纸、图片等

---

① 齐世荣：《史料五讲》，首都师范大学出版社，2014年，第156页。
② 刘震云：《温故一九四二》，人民文学出版社，2009年。
③ 李蕤：《无尽长的死亡线——一九四二年豫灾剪影》，收录于河南政协文史资料研究委员会编《河南文史资料》第十三辑，1985年3月，第6页。

传媒形式存在的史料为影像表达提供了基本史实、史事的主体乃至后人无法想象的行为细节。为传统文字史料转换为历史影像提供了历史依据。

二、作为史料的影像记录

与传统历史学相比，以电影、电视、图片为标志的影像是一种在照相技术与幻灯片技术基础上发展起来的记录方式。在世界范围内，在两次科技革命特别是信息技术革命的带动下，影像作为一种语言迅速发展成为记录历史的新载体，并以其独特的视听效果深刻影响着历史认识特别是历史情感的表达。

和影像的传播相比，《温故一九四二》是在研读相关史料的基础上创作的、通过特定历史事件表达历史关切的报告文学，是一种文学化的历史记录。电影《一九四二》将其中的情节叙事影像化，这一表达方式使得文字记录背后的历史情感得以充分显现，历史认识因此更显真实和完整。

正是在上述基础上，电影《一九四二》用影像语言完成了历史的文学化叙述：每一个历史情节都是一个完整的故事，每一个故事都有相对确定的历史主体。社会的层次感更加丰富，历史的立体感更强。历史的影像化叙述中，包含了底层灾民、大户长工、记者官员、大员领袖；在全民抗战的大背景下，天灾的无情和日寇的屠戮造成的人祸在历史事实上也是相互交织的。建构在文献史料基础上的视听语言较好地还原了历史真相，显示出历史的复杂性。这其中，既包含了文献记录的内容，更有在史实基础上，艺术化的影像语言表达出来的在天灾人祸面前人性的复杂。在还原历史、唤醒记忆的意义上，文学创作和史学撰述的目的是一致的。文献记录和影像记录共同构成了 1942 年前后一段渐渐模糊了的历史记忆，客观而清晰。

三、从"记录"到"纪录"

中国史学有"图像证史"的传统。[①] 汉字的形声相结合构字特点使得汉字

---

① 参见拙文《从影像史料到影像史学》，《史学理论与史学史研究学刊》，2014 年第 1 期。

本身融合了两种历史信息的来源。

(一)"记录"和"纪录"

《说文解字注》给出了"记"和"纪"的本义,也客观上给出了两种不同的史料的获取方式。记:"分疏而识之也,从言。"① 纪:"别丝也,一丝必有其首,别之是为纪","众丝皆得其首,是为统"。《礼器》曰:"众之纪也,纪散而众乱。"② 显然,"记录"的方式是语言文字,其结果是以文字为主要存在形式的信息;"纪录"的方式是"编织",其结果是经过统合加工综合形成的历史信息。"记"和"纪"的现代内涵虽然有所变化,但其蕴含的历史涵义并未有根本改变。"记录"强调是文字语言或原材料。"纪"强调多种材料的统一编纂,其中已明显加入了"编导"的成分。

"史料为史之组织细胞"③,史料在历史研究中发挥着至关重要的作用。传统史料的最基本组成部分为文献,即以文字形态存在的史料,也是历史认识的重要基础,是历史研究和著述的本源。④ 在过去相当长的时间里,研究者对于史料的认识和使用仅限于文献。不论是史书记载,还是碑刻古迹,史学家关注的历史研究主体大多出自书面的文字。汉代的刘向、刘歆父子开展大规模的图书整理工作,将文献史料系统整理收集,为文献学奠定了基础。此后,许多史家致力于文献研究,在目录学、版本学、校勘学、考据学、辨伪学、辑佚学等方面做出了突出贡献。

文明的进步不断导致文化载体的更新。随着信息载体的不断发展,可应用史料的范围不断扩大,历史学研究的对象不断丰富。自1895年世界上第一部电影在法国公开放映以来,影像历经数次技术飞跃。今天,以视觉影像和影片传达历史以及我们对历史的见解。⑤ 事实上,完整意义上的影像史料,既

---

① ② (汉)许慎撰,(清)段玉裁注,许惟贤整理:《说文解字注》,凤凰出版社,2007年,第169页、第1122页。

③ 梁启超:《中国历史研究法》,上海古籍出版社,1987年,第40页。

④ 肖建新:《论文献史料的特质》,《史学集刊》,2002年1月第1期,第14页。

⑤ Hayden White: *Historiography and Historiophoty*, American Historical Review, Vol.93, NO.5, pp.1193–1198.

包括静态影像也包括动态视听影像，既包括完成的作品也包含原始视听素材，甚至可以延展到绘画、碑文、石刻、文物、古建筑、音像数据等以视听为主要认识方式的研究对象。因此，"影像史学"的概念更能涵盖这一历史学研究的新领域。

作为以"记录"形式存在的文献史料，是历史研究的基础材料，其研究理论体系和方法也早已成熟。以"纪录"的形式存在的影像作为新的史料研究对象，不论是在发掘整理还是系统利用上都还处于探索阶段。数位图技术的飞速发展为影像的科学化分析提供便利的同时，也增加了其作为史料研究的复杂性。

（二）文献史料与影像史料

文献史料与影像史料形式上明显不同，但作为两种不同的史料表达形式，两种史料在还原历史真实的功能上体现出相互支撑、相互弥补的特点。不仅如此，根据历史表达的需要，在特定条件下两种形式可以互相转化。

历史的本源是丰富多彩的，史料的来源和存在形式也不会单一。文字中总是藏有大量的历史信息，受语言文字表述功能的局限，有些历史信息并不清晰，甚至在传承过程中因载体转换导致同一信息的认识分歧。影像表达手段可以弥补其中的不足，根据视听逻辑转化成历史影像，这个过程是文献史料的影像化。历史纪录片不乏使用的是影像化的文献史料。这种形式因为通过视听材料表达历史，弥补文献史料的不足，使得文字叙述变得立体生动。文献史料在转化为影像史料的过程中，因为技术和介质的不同，历史文献的真实性会有不同程度的增减。但整体而言，由于影像表达具有时空结合的特点，历史表述的视野也因此更加开阔。同样，影像史料也可以进行文献化转化。纪录片的解说词是直观意义上的文献化了的影像史料。影像包含了丰富的历史信息，影像的解读方式和影像技术相关，其研究结论的评价和传统史学的评价标准也不可分割。对影像史料的科学解读可以形成新的历史结论。好的历史影像解说词既要照顾到影像的视听效果，简约中包含丰富的历史信息，又要体现创作者的思想和时代价值观。历史影像信息的文献化解读可形成新的历史认识。

总之，文献史料与影像史料的作用密不可分。随着影像技术的广泛普及和影像数据研究的不断科学化，进一步探究二者之间在历史学研究应用和评价上的关系，成为历史学研究领域的新问题。

四、史学研究和表达的新形式

（一）影像史学问题的提出

传统史学从传统文献中发现历史问题，影像史学从历史影像中发现历史问题；历史影像承载的历史信息离不开历史文献的佐证。同时，因为影像的技术性特征使得影像史料明显具有了"立体化"特征，因此影像史学是和传统史学既是一脉相承的，也是对传统史学的有益补充。同样是反映抗战题材的历史影像，中国大陆公映的电影《南京！南京！》[①]中包含的画面和情节与公开出版的《拉贝日记》[②]中有极其相似的记载：

> 1937年12月16日：我开车到下关去勘查电厂……上都是尸首……城门前面，尸首堆得像小山一样……到处都在杀人，有些就在国防部面前的军营里进行。机枪声响个不停。
>
> 1937年12月22日：在清理安全区时，我们发现有许多平民被射杀于水塘中，其中一个池塘里就有30具尸体，大多数双手被绑，有些人的颈上还绑着石块。
>
> 1937年12月24日：我到放尸首的地下室……一个老百姓眼珠都烧出来了……整个头给烧焦了……日本兵把汽油倒在他头上。
>
> 1937年12月25日：日本人命令每一个难民都必须亲自登记，而且要在10天内完成……20万人！怎么办？整批年轻力壮的男人已经被拉了出去，他们的命运不是做奴工就是死亡。还有整批的年轻女子被拉出去，

[①]《南京！南京！》是陆川导演的抗战历史题材的电影，该片于2009年4月在中国内地公映。影片通过一名普通日本士兵和一名普通中国士兵在南京大屠杀期间的经历，揭示了战争对人性的摧残。2009年，该片获得第57届圣塞巴斯蒂安国际电影节"金贝壳奖"等奖项。

[②] 参见［德］约翰·拉贝：《拉贝日记》(The Diaries of John Rabe)，新世界出版社，2009年。

因为要成立一个很大的军中妓院。

1938年1月1日：一个漂亮女子的母亲向我奔过来，双膝跪下，不断哭泣着，哀求我帮她一个忙。当我走进一所房内，我看见一个日军全身赤裸裸地趴在一个哭得声嘶力竭的少女身上。我立即喝住那个下流无耻的日军，并用任何能够让人明白的语言向他呼喝。他丢下一句"新年快乐"就逃走了。他逃走时，仍然是全身赤裸，手中只拿着一条裤子。

1938年1月3日：（在）这些城陷后放下武器的中国兵当中，恐怕有2000人被日本人刺杀，这是非常残忍的，而且绝对违反国际法；在攻城的时候，大约2000平民被打死。

1938年1月6日：克罗格看见汉中门边的干渠里大约有3000具尸首，都是被机枪扫射或是别的方法弄死的百姓。

现存的历史影像和文献记录可以为史学研究者提供这样的思考：日军集体屠杀南京军民的历史事实从不同史料上是可以互证的。

历史观念同样决定了历史影像表达历史问题的方式。《南京！南京！》的创作者试图用影像语言客观地建构历史情境。从电影画面上看：该影片大量运用长焦距和全景画面。借助镜头给人客观感受，力图以"记录"的风格，规避主观介入的倾向，以期复活历史细节与全景，达到对真相的最大还原。视听语言的冷静试图客观表达南京大屠杀是有组织的屠杀行为。影像语言表达历史问题和传统文献显著不同。

（二）影像材料的来源

历史影像材料一部分来源于同时代的官方或私人影像记录素材，这种影像材料无论从记录方式和目的都具有档案数据的性质；更多的影像数据则是基于文献史料研究的已有的历史题材的影像成果。以电影《一九四二》中的情节为例：1942年发行的《田家半月报》登了题为《河南灾情实录》的文章，里面写道："沿途灾民扶老携幼，独轮小车带着锅碗，父推子拉或者妇推夫拉，子女边走边在野地掘青草野菜……尤其在这些县份的大路上的村庄，多半是十室九空……"①史料记载中的内容和电影尾声部分的情节高度吻合。"一对夫妇，无法生活，妻被出卖，当分手时，妻呼其夫说：'来，我的裤子囫囵一点，咱俩脱下换一换吧！'"②

这些记载从标题到内容大量采用新闻感性语言描述河南灾荒之年的情境，这种语言具有典型的影像语言特征。如倡导全国各界人士救济豫灾的报导有1943年2月20日的《战斗中的河南，饥馑中的河南！》、1943年4月19日的《严刑峻法督导救灾》、1943年6月6日的《统收统支以减民负》、1943年8月27日的《目击蝗蝻心念民教》等。而这些仅仅是其中很小的一部分，类似的报导贯穿了整个救灾过程。新闻记者记录的是当时，但在今天已经成为不可忽视的史料。

此外，1942年前后的《前锋报》《大公报》《河南民报》《河洛日报》等报刊均有关于灾荒的大量连续报导。以河南的《前锋报》为例，报导灾情、呼吁政府紧急救济的篇目包括1942年8月7日的《豫省府应速统筹备荒救济办法》、1942年7月24日的《灾象已成急谋救济》、1943年1月30日的《哀鸿遍野》等。报导救灾成绩的有1943年4月27日的《从死神腥血掌中夺回的孩子们——南阳灾童教养所访问记》、1943年5月5日的《郑州救灾运动的春潮》、1943年10月2日的《救灾在省垣》等。

以上记载包含了丰富的史料和历史主体活动的场景。《一九四二》也正是通过对这些史料的整合，运用影像表达历史的手段改变了史料的表述形式。从此，1942年的河南灾荒成为一段越发刻骨铭心的影像历史，供后人资鉴。

（三）影像表达历史的合理性

同文献史料一样，影像史料也存在着史料真伪的争论。影像史料具有典型的时间和空间性特征。通过后期的剪辑制作，影像史料的选择和编纂往往受影

---

① 《河南灾情实录》，《田家半月报》，1942年第10卷，第20—21页。
② 张仲鲁：《关于一九四二年河南大灾的见闻》，收录于政协河南省开封市委员会文史资料研究委员会编《开封文史资料》第5辑，1987年4月，第70页。

像技术和创作观念、历史认知的局限引发结论是否合理的问题。

比如，在电影《一九四二》中有这样的场景：逃荒死亡线上，千千万万像地主老东家一样的人们逐渐失去原有的一切，和广大灾民一样生活无着，直至家败人亡。甚至结尾处有这样的画外音："15年后，这个小姑娘成了俺娘。"按照历史研究的规则，这样的描述缺乏历史依据，它显然是艺术化的场景，是典型的"纪录"后的效果。但这样的影像化叙述和历史的真实表达并不矛盾。特定历史条件下的细节包含了丰富的历史想象。史学研究者需要注意的是，这种想象需要尊重史学的规则。影像表达历史既有史料运用的科学性，也应包含创作中不可或缺的人文性，这是影像材料的感性特征。

电影《一九四二》表述历史正是尊重了这样的历史认识：中原地区空前的天灾人祸让历史发生了转向：个体生命的存亡已退居次要，一种超出血缘的新的历史认同建立了起来。"大事不虚、小事不拘"应该成为历史影像尤其是以纪录电影、纪录片为代表的历史影像评价的基本原则。

（四）影像传播历史的效能

2012年，历史题材电影《一九四二》上映并产生广泛影响，以纪实的方式还原历史真实是该片成功的原因之一。历史影像的再现和表达让尘封了70年的历史灾难迅速为国人周知，唤醒了一段历史的集体记忆。这部电影对特定历史事件的调查和还原、涉及的史事和史实，均由幸存者亲口说出，其历史价值不言而喻。1942年前后的报刊也有相关的报导印证了电影中的主要环节。历史以影像的形式得以较为完整的再现，个体记忆丰富并最终还原了历史记忆。

影像传播历史有独特的视角。在主流历史文献中，1942年记载的中国重大历史性事件似乎只有抗日战争。历史上，中原灾荒并不鲜见，正如《温故一九四二》的开头的叙述："饿死人的年头多得很，到底指的是哪一年？"[①]

---

① 刘震云：《温故一九四二》，人民文学出版社，2009年，第2页。

作为原著中第一位接受采访的幸存者的回答,这句话所表现出的对待死亡的漠然,不是个体记忆,而是集体记忆,是历史记忆。所以影片一开始就交代:"1942年冬至1944年春,因为一场旱灾,我的故乡河南发生了吃的问题。与此同时,世界上还发生着这样一些事:斯大林格勒战役、甘地绝食、宋美龄访美和丘吉尔感冒。"① 与之相比,中原灾荒,饿死的300万人的事件从历史影响上似乎无法和前者相比。即使是经历过那场饥荒的当事人也产生了记忆模糊。影像表达让"正史"中未必重视的事件和细节成为历史研究的新窗口,透过它看到了历史的另一面。电影《一九四二》发掘了被忽视和遗忘的历史资料,辅以合理的想象,再现了"真实"的历史。

历史影像能充分表现历史的复杂性。电影《一九四二》用影像叙述历史改变了历史的认知习惯,构建了历史研究和表达新模式。

---

① 《温故一九四二》,第3页。

第六章

影像史学视野下的史料载体

——以汉代画像砖和纪录片《中华文明》*为例

---

* 2010年中央电视台推出的大型历史纪录片《中华文明》共十集,每集四十六分钟,各集分别体现出每个时代不同的人文主题,全部画面素材采用三十五毫米电影胶片拍摄,按照时间的纵向顺序,起始于五千年前的新石器时代,结束在鸦片战争之前,以考古依据、遗址和文物为有力佐证,真实清晰地展示中华民族文明演进的伟大历程。

人类以不同的方式创造了历史，历史也以不同的方式保存了人类自身活动的影像和创造。时空的变换改变了历史信息的存在方式，历史的真实全貌或许已不复存在，但总有一种形式见证自身所处的时代。时间和空间的推移改变了历史的存在形式，但不会改变历史的理性特征。即历史信息总是"守恒"的，一个时代的影响力总会通过它自身的形式表现出来，过去的年代越久远，历史展开的纵深和幅度越大，其产生的历史影响就越深远。

在中国历史上，汉代影像就有这样的特征。

一、汉代石刻画像的性质

（一）汉代历史影像与影响

汉代对中国历史进程的改变和对中华文化的影响决定了这个朝代重要的历史地位和历史影响。时光过去了两千年，这些影响仍然可以穿越时空，通过文字传承，以经典史书的形式深刻地影响着今天的生活。受历史动荡和地面建筑材料、物质文化载体性质的影响，现存的汉代物质文化形态并不多见，由此导致了现存的汉代物质文化影像缺乏，汉王朝的历史影响基本保留在史书和口口相传中。即使如此，汉代的大历史影响仍然以影像的形式栩栩如生。随着汉代画像石和画像砖的出土，汉代人政治、经济、文化、社会生活乃至市井风俗清晰可见。通过对出土的汉代画像砖石的辨析和组合，可以勾勒出汉王朝的文化影像。对历史碎片、遗迹和生活影像进行重新"建构"，通过对汉代史书、出土文物、汉代遗址，文化现象如汉语、汉字、汉服，甚至形影不离又千变万化的、打上汉代深刻烙印的历史影像的建构，汉代的影响清晰而具体。汉代遗留给今天看似一个个不完整的历史碎片，实际上，其影响深入今天的生活且无处不在。

　　有记忆就有影像，有影像就有影响。历史的传承需要存在条件即历史记忆，无论是有形的物质记忆，如文物、史书、遗迹等，还是无形的文化记忆，如汉语、汉文化、汉代工艺等，都是记述、追述历史的方式。用记述的方式传承的历史内容都可以构成影像化的历史情境。当然，和记忆的重构相比，绘画的出现更为直接而具体，历史以描绘的方式出现在记忆中。画家在不同的心境和情境下画出对特定历史阶段的感受。《清明上河图》描绘了宋代的京都开封的市民生活图景，其内容之丰富，涵盖了画家张择端视野、想象力之所及。假如把这些影像用从全景到小全景到中近景再到特写的规则进行组接，就可以形成和如今的纪录片相似的一段宋代影像。记忆影像和绘画影像都是对历史的记忆，是不同时代对历史的不同呈现方式。

　　汉代的历史记忆最多的是文字与遗迹，但是真正能够完整再现秦汉时期风貌、文化的内容并不多见。秦对汉代的影响巨大，所谓秦汉之谓也，客观说明秦与汉的联系之大，密不可分。但真正对后世产生深远影响的还是汉代，秦朝存在时间短，历史地位重要，其制度的开创性影响在汉代显现。从全球角度看，当时世界范围内存在两大帝国即中国的秦汉帝国和西方的罗马帝国。这两大帝国对后世都起到一种"范式"作用，同时两大帝国通过当时刚刚兴起的"丝绸之路"有了文化和经济上的交往，两大文明从此有了交集，这也体现在历史记忆载体——文物遗迹上。

　　汉代画像石、画像砖是汉代历史记忆碎片中的完整部分，是深埋的历史遗迹；由于画像石的特殊质料性质，汉代影像不仅难以磨灭而且自成一体。

（二）汉代画像石和影像创意价值

　　近年来，随着汉代考古发现成果不断涌现，汉代墓葬出土的画像石、画像砖引起专家学者的广泛关注，也产生了一大批相关领域的研究著作。如台湾的邢义田教授的《"中央研究院"历史语言研究所藏汉代石刻画像拓本精选集》《画为心声——画像石、画像砖与壁画》等。

　　汉代画像石、画像砖备受史学研究工作者的重视，因为其中涵盖了大量未被记载的汉代历史信息。汉代人的生活、生产方式，除了以往纸质本史料之外又增加了新的实物史料，这为汉代历史研究增加了多维空间。汉代史籍较为完整地呈现了汉代的疆域、政治、经济、文化生活等汉代历史，但更加具体化的汉代人的生活资料贫乏，尤其是纸本文字以外的一手直观材料更是不多见。现存的各种介质承载的汉代历史信息，包括史书、出土文物、历史遗迹，可能拼合出汉代人的历史片段，汉代人的生活细节，如衣食住行、婚丧嫁娶、农桑耕织等生活情境的资料的补缺有助于全面认识汉代社会。汉代画像石、画像砖的发现为史料的进一步丰富和对历史研究的佐证功能意义重大。

二、画像石的影像特征

汉代画像石砖的发现，为汉代史学研究打开了新窗口。以此为核心的研究著作在推动汉代历史研究的同时，也引出了很大的歧义：不同的人来解读这些图像所产生的结论也不尽相同。如对于汉代画像石中的"套格"方式、年代定位、记载故事的鉴定等问题，和史书的记载多有出入。出现这种现象的原因是画像石的影像分析方法和文献材料的分析方法有很大的不同。

和文献表达历史相比，图像的一大特征即优于叙事劣于分析。完整的数字化历史影像同时包含了影像解说，即画外音。一般说来，这是在对相关历史材料进行理性判断的基础上，根据相关画面合理补充的信息，画外解说的基础是历史文献材料，好的解说词常常体现历史问题研究的最新成果。纯粹历史影像和画外解说词的结合构成完整的影像语言，这不但可以彰显影像的叙事功能，而且在影像的互证下，以解说词形式出现的历史问题分析既全面、清晰，也不失深刻。

图像的叙事功能比文字描述更为直观、形象，叙事功能全面真切；对于事件之间的逻辑分析和概括总结，图像并不比文字更有说服力，以画像石为基础构成的汉代影像要解决的问题正在于此。影像可以通过剪辑配合画外解说词实现，完成史料分析和逻辑实证。

影像的空间表意的特征决定了影像语言赋予的丰富的想象和创意的空间。

例如，解读一幅汉代的图像，研究者可以从自身对汉代历史的认识程度和史学素养描绘出不一样的汉代生活。正所谓"仁者见仁，智者见智"。

从史书记载中是很难想象到汉代人这样生动的生活场景以及他们的审美取向。从影像构图角度分析，区分出主体和客体、人物大小比例分布、面部表情特征、构图比例等信息，可以发现很多史书中无法得到的历史细节，也体现着汉代人的审美观念。

汉代画像石是汉代厚葬习俗的产物，它有思想和物质的基础。画像石的内容题材大致可划分为三类：与墓主有关的社会生产和生活，宣扬忠孝节义的历史故事，神话故事如炼石补天、女娲造人、玉兔捣药、神兽守鼎、西王母与东王公等。

（一）社会生活类

主要是与墓主经济活动有关的各种活动场面，如农耕、放牧、狩猎、捕鱼、纺织等；与墓主的身份有关的题材，如迎来送往、出行、随从属吏、谒见等；与墓主生活有关的亭台楼阁、门卒侍卫、宴饮、乐舞百戏、六博对弈等，这些场面反映出汉代人的经济生活状况，构成一幅完整的庄园经济图。

汉代的交通工具——汉家"天马"：在汉代画像石中，马是表现最多、刻画最成功、最富有感染力的动物。马在汉家精神中备受尊崇，是汉代国力盛衰的标志。所谓"千乘之国""万乘之尊"，之所以马在汉代如此受重视，是因为马不仅可以牵引车辆、运载货物、耕种拉犁，而且还是军事斗争和交通中外的基本工具。

西汉初年，国力疲敝，马匹锐减，最典型的例子就是"天子不能具醇驷，而将相或乘牛车"。而强大的匈奴骑兵不断侵扰，使战马急缺的汉高祖刘邦遭白登之围。之后汉朝实行休养生息政策，汉景帝时，设立马苑三十六处，共养马三十万匹。汉武帝时期，不断地对匈奴作战，对军马的重视远胜前代。1969年出土于甘肃汉墓中的一件铜的"马踏飞燕"，一匹奔马昂首长嘶，马尾高扬，其三足腾空，后蹄踏在一只正要振翼高飞的燕背上，恰似天马行空，这一文物的出土与汉代画像石上的天马行空图形象相互佐证。

汉代的狩猎和娱乐： 对历史信息的解读，是影像分析、影像史学重要的内容。如何将零碎的历史信息整合为相对完整的影像表达？从汉代画像石的狩猎场面可以推测出汉代尚武特征和英雄气节，可以想象汉代是英雄辈出的时代。狩猎场面在画像石中常有表现，从狩猎活动逐渐衍生出比武的娱乐项目，包括以剑、戟、刀等武器格斗，箭法，徒手搏斗等则是汉代后形成的尚武文化。

公元前2世纪中叶，西汉王朝在关中建立了上林苑，苑中除了天然猎场外，还设有专门的斗兽场。与罗马的斗兽场不同，罗马的斗兽士是奴隶，而汉代贵族阶级把斗兽作为炫耀武力的方式。史书记载，汉武帝能"手格猛虎"。因此，画像石上有很多比武场面，生动逼真。

历史影像分为两种，一种是静态的图片，另一种是动态的影像。静态的图片来源于对文物和绘画或想象的描绘、复制，动态的影像来源于对静态影像的动态化技术处理。动态影像更能表现历史的鲜活。如何将这些画像石上和史书中的静态图像转换为动态的影像，将是影像史学研究的重要内容。这是一种语言的转换，从静态的文字语言或影像语言转变为动态的影像语言，要遵循影像语言的各种规律特征，这一转换的过程也是一种创意的过程。任何一段动态的影像都是连续的静态影像构成的，因此，在"动态影像"中截取最生动的瞬间，或者通过编辑手段使静态影像连续化，这两种方法常常在两种影像语态转换中使用到。

影像素材的使用有其语言规范，"景别"是影像编辑中的重要概念。如画像石中打猎的场景、比武场景、斗兽场景等需要用不同的景别组合呈现。影像表达历史的手段根据表现内容可以灵活使用。竞技比武、斗兽场景适合用影像再现的方式，重现当时激烈的场面，如纪录片《罗马斗兽场》。历史重现可以激发观众的历史想象，其原因是这些动态的场景适合运用情景再现的方式；而对于打猎的工具、勇士使用的武器技术以及画像中各种画像比例、规制等则需要专业的研究，这就需要用到专家采访；同时，配合对静态画像石的拍摄来展示，要考虑到拍摄角度。如拍摄狩猎的工具，在完成影像中看只是一个工具，但工具的制作和使用是个过程，可以实现连续性表达，看似是一个简单的拍摄过程，实际上经过前后的结合、对比，形成动态的感觉。同时，还要运用现代数字技术手段，即汉代的画像石可以用技术手段放大或者缩小，改变景别，从而突出历史的细节，增加释读的空间。

（二）历史故事类

汉代画像石、砖画面信息的内容主要是宣扬忠孝节义的历史故事，如荆轲刺秦王、王陵母的故事、孝堂山画像、鸿门宴、汉高祖刘邦"三尺剑斩蛇起义"等。总之，汉代是一个英雄辈出的时代，也是个注重英雄气节的时代。而这些人物背后都蕴藏着许多有转折意义的历史事件，从画像石中，我们可以看到那个时代人们对于历史人物和人物身上发生的历史事件的看法。如鸿门宴的描述，上左起一人左手持剑，右手持钩镶，与一持剑武士对搏；二人观看，神态紧张，这应该就是"项庄舞剑，意在沛公"。下左起打马而逃的应该是刘邦。历史的场景又一次在画像石上演绎。

汉代画像石、砖记载了重要历史事件如骠骑将军霍去病出师匈奴、苏武牧羊等史实。史书中记载匈奴哀叹："亡我祁连山，使我六畜不藩息。失我焉支山，使我妇女无颜色。"苏武持节出使匈奴，被匈奴扣留，宁死不降。《汉书·马援传》记载伏波将军马援曰："方今匈奴、乌桓尚扰北边，欲自请击之。男儿要当死于边野，以马革裹尸还葬耳，何能卧床上，在儿女子手中邪？"客观上反映出汉代的忠君爱国的价值观念浓重。

（三）神话故事类

"生年不满百，常怀千岁忧"，汉初统治者热衷于神仙传说，追求长生不老，这种思想体现在画像石上。于是一些神话传说故事就成了重要题材。

自然神：《山海经·海内东经》记载："雷泽中有雷神，龙身而人头，鼓其腹。""东海中有流波山，入海七千里。其上有兽，状如牛，苍身而无角，一足，出入水而必风雨。"汉代人认为雷公能代天执行刑罚，击杀有罪之人。

战神蚩尤：头悬弓箭已三矢待发，双手双足均持利刃，盾牌护档，身穿铠甲，可上天入地，所向无敌，体现着汉代尚武的时代特征。

成仙神话：嫦娥奔月，反映了汉代先民的飞天成仙梦想。还有为了死后能够得道升仙，充满想象力的先民把龙、虎、鹿等神奇动物作为升仙的骑乘工具，表达了墓主希望死后能升仙和享受仙境生活的愿望。

（四）汉代的婚葬风俗

汉代性崇拜与现实生存有直接关系。要生存必须五谷丰登，要繁衍必须子孙昌盛，因此婚嫁意义重大。反映在画像石上就有很多拥抱伏羲、女娲的神人画面，这神人就是高禖，即高古媒神。相传他让伏羲、女娲结成夫妻，繁衍人类。

汉代提倡早婚，据考证，汉代男子结婚年龄普遍都在十四岁到十八岁，女子初婚年龄在十三四岁到十六七岁之间。婚姻的低龄化在于鼓励生殖。于是，汉律规定女子到十五岁不出嫁，就要缴纳五倍的人头税。同时，在汉代婚礼中"六礼"已经基本形成，仍沿袭先秦时期的"聘则为妻，奔则为妾"的观念，对聘礼十分看重。因此，可以看出汉代婚俗对后世的影响之大。

而体现在画像石上的汉代婚姻除了婚嫁图之外，还有神话故事《牛郎织女》，它是中国人的爱情经典。早在西周时期，就有织女和牛郎的名字，以男耕女织为谋生手段的先民，已经用他们习以为常的形象思维，把牛郎织女两颗星形象化了。

因此，我们可以通过画像石上的这些神话故事推测汉代人的婚姻观、爱情观，甚至宇宙观。

三、历史纪录片《中华文明》的影像创意

片头解说：公元前221年，秦始皇统一中国，成为千古一帝。到汉武帝时代，以汉民族为主体的统一的多民族国家得到空前巩固，汉文化的主流形态基本形成。中国开始以文明和富强的政治实体和文化实体闻名于世。在大一统的国家里，各民族的创造力得到充分发挥，共同造就了秦汉大一统文明，其辉煌的成就，一直是东方文明的骄傲。

（一）历史知识基础

历史影像的解说和剪辑的依据是对历史真相的研究和把握。

采访张传玺教授：秦人的祖先居住在权丘，位于今天甘肃省和陕西省的交界处。后来秦将都城迁移到雍城，即今天的陕西省凤翔县，秦是在西部偏远地区成长壮大起来的。春秋时期，东方的诸侯们认为秦是不懂礼乐教化的戎狄，实际上并非如此。伴随着对周人礼乐文明的向往，秦人的宗庙里也悬挂着大型的青铜礼乐器。秦公一号大墓是目前所知的春秋时期最大型的墓葬。大墓中出土的石磬铭文记载，他们是黄帝的后代，属于华夏族。

商鞅在秦国实行的变法措施：（1）废除贵族们世袭的特权，所有的赏罚都是以军功来决定，极大地鼓舞了想建功立业的平民百姓。（2）以重农的政策来发展国家经济也是商鞅变法的根本思想之一。秦律中规定，损坏借用的公物是要按价赔偿的，唯独借用的铁农具因破旧不堪无法使用时，只需要写出书面报告即可免除赔偿。在秦公一号大墓中就出土有多件铁铲和铁锹，说明早在公元前5世纪中叶秦国的农民就已经使用铁农具。（3）鼓励农民垦荒耕种，使得秦的粮食总产量与人口迅速增长。由于粮食富足，秦国在全国各地到处设置粮仓，首都咸阳的一个粮仓就可装十万石粮食。

（二）影像叙事方式的多元复合

和文字表达历史不同，影像表达历史包含了更加丰富的形式。张传玺教授讲的是目前关于商鞅变法的历史研究结果："当时是这样的一个历史大势，所以必须变法，必须要推进经济制度的改革，要变分封制为郡县制。"这就是历史学者在影像创意中的作用，可以在关键点上做简要概述。同时，专家的研究和解说也增加了可信度，使前沿研究结果和观点通过影像得以传播。

但是仅仅是学者的书面表达，历史依然是并不完整的。例如有关秦代的影像在今天所能看到的还有一些故城、遗迹，发现的一些青铜、考古的一些铭文，所有这些历史信息的承载体构成一个完整的影像和一段完整的秦代历史，而他们的组合就是一个历史创意的过程，是一种历史的影像表达。

影像是创意的一个载体。影像的展示是同时的、大范围内的展示，而所提供的空间就是创意的空间。历史的研究到这个程度就有了方式的拓宽，同时思维的领域也就不一样了，思考问题的方式也发生相应的改变。传统的创意是以文献释读为基础，从文字到文字；今天的文化创意更多是从影像到文字。从所看到的汉代图像中，提取出图像所包含的历史信息。

历史叙事另一个方式是从文字到影像。一段文字影像同时也会形成一段完整的历史表达。所以在影像史学的视野下，释读历史、形成历史判断的方式已经发生了变化。这种变化强调用历史影像语言和文字语言共同表述，其中包含了很多历史创意的方式，它对历史研究也会产生很大的影响。

汉代的平民百姓生活如何展现，目前都只是在考古发现中存在。过去我们是用文字来表述，而今用影像的方式就可以达到简洁化。影片中讲的是汉代的平民百姓，是商鞅变法对后代的平民百姓造成的影响。这种历史影响如何反映在汉代人的生活情态中，通过影像可以看得很清楚。历史影像剪辑需要厘清历史事件和人物的关系以及历史影响，就像文字编撰的逻辑顺序，首先就是要理清时间线索，它是历史的主线。影像编撰过程也要遵循历史学的部分原则，在此前提下加入编辑技巧。任何规则的建立和重构都意味着新的创意的产生，如同技术性革命必然带来的技术性创意一样。

纪录片《中华文明》这段影像从历史发展的时间顺序理清了商鞅变法的来龙去脉，脉络清晰、结构完整。从一个国家的政治决断到对当地的普通农民产生的影响都涉及了，历史信息的涉猎面之广，影像的方式能够更直观、全面，甚至复杂的历史信息也可以通过情景再现的方式实现。结合发掘的考古文物和专家的研究成果形成画外解说词，往往反映出影像创作者对一段历史和材料的释读和理解。

（三）历史信息传递的流动性

从文字记载和残存遗迹到形成一段影像的表达，其中有很多信息是可变的。这与书写史学形成鲜明的对比，基本上每个人面对的文献中的文字信息是相对固定的。影像的解读存在着变通的灵活性，这个灵活性正是对空间的解读。因为在文字里，字和词的空间组合是相对固定的，释读者发挥的创意空间有限，但与影像的结合便可以产生出更大的创意空间。

解说： 在商鞅的主张下，秦国将国都迁移到了咸阳。咸阳城建在关中平原的中心地带——黄土台塬上，前有泾水与渭水的交汇，背依大片沃野良田，最终成为统一后的中国封建王朝第一座都城。

对于这段影像的诠释，是利用画外解说加情景再现的方式。影片再现了商鞅一行人在山坡上、渭水边，用画面直观地重现了秦国迁都的经过和历史人物的影响。这不会让观者产生"穿越"的感觉，因为这其中所包含的信息和秦代印象是一种社会共识，是用共同的信息串成的一段历史线索，而中间的过程就是历史创意的过程。

（四）解说的力量

画外解说：秦国通过商鞅变法，富国强兵，军队变得如此庞大，形成了当时世界上非常强大的帝国。

影像中展现的是秦代的兵马俑，这是画面里本身存在的信息，但读者未必能提炼出来的东西，而通过影像分析的方法就能很清楚地体现。用这样一个画面表现方式是合理的，这是画面与解说两种方式的完美结合。

解说：公元前221年，秦王嬴政终于结束了国家长期分裂的局面，建立起中国历史上第一个中央集权的封建帝国——秦王朝，他自称为"始皇帝"。这个始皇帝所统治的疆域已经广达三百多万平方公里，是当时世界上最大的国家。

四、历史文化创意

解说配合后期制作的影像，能给人一种更为接近历史真实的感觉，原因就在于创意。这涉及创意所要遵循的几个原则：第一是符合历史情境，因为历史文化当中第一个要素就是符合历史情境。第二，符合历史人物和历史事件中的基本信息和性格特征，甚至体貌特征。第三，影像的前后逻辑关系合理。

本节影像所讲的就是秦朝大一统之后的气象，所以用一种大气磅礴的画面展现的正是那个时代应有的气象，画面效果和历史信息是一致的。画面效果是各种要素综合作用的结果，包括光线、构图、色彩、画面组接、逆光的方式等。通过这些要素塑造的画面因为符合真实历史的信息，观众因此产生合理的联想，进入跨越中的历史现场。联想需要介质，影像的这几种要素只是为联想提供了一种介质。

历史影像的表述，更多的是历史真相的表述。纪录片中所展示的历史影像，是大规模创作的结果，短短的一分钟的影像创作凝聚了丰富的创意和精准的技术。在研究中可以用现实影像表达历史变迁，将其记录，结合所做的研究，形成一段影像史学的表达。遵循这样的原则，在寻找历史的文字记载和影像的匹配过程中，所具有的目标和条件就显得尤为重要。

（一）文献研究和影像创作的关系

1. 文献和想象

纪录片《中华文明》有这样一段解说词：

秦王朝废除了西周以来分封诸侯的制度，把全国分成三十六个郡，郡下设县，县下设乡和里。郡的最高行政长官为郡守，所有的地方主要军政官员都由中央直接任命；但官职不是世袭的，他们随时都有可能被提升或罢免。这种郡县制度成为后世王朝的典范，最后演变成近代以来的省县制，大一统的中央集权性质的国家制度逐渐完善。

这一段虽然画面很简单，但很好地体现了历史的文献研究和影像创作之间的关系。片中从一个很常见的画面开始，组合零碎的画面信息，结合学术研究的成果，通过视听表达出这一段历史的看法和结论。这是读史的结论，而事实已经不存在，无法真正拍到秦朝皇帝与群臣讨论的过程，只能通过想象来构图，两者的结合就是创意的内容。历史文献研究和影像结合，就是历史的影像化过程。

影像能够体现两种功能——影像表达和文字表达，文字表达和影像表达相结合的模式就是创意的实现过程。

2. 制度和影像

由于疆域辽阔，少数民族在全国分布的地域范围很广，黄河与长江流域的中上游以及长城以北的少数民族众多。从长江下游到今天的广东、福建一带有百越人，云贵川一带有西南夷，广西也有很多少数民族。西汉时在少数民族聚居区设置"道"，就是民族自治县，这个制度也是从秦朝开始延续的。

从影片中看到，这个完全是用文字讲述的秦朝刚刚开始设立少数民族制度。当时在西南设置"道"，也就是现在的民族自治县，这显然是在试图完善中央集权。"秦代已经开始使用类似今天少数民族自治的制度"，这样的结论是在文字释读的基础上得出的，而佐证这一结论的就是这段影像。所以这两者之间的关系是相互支撑的。

历史影像创意不是凭空的，一定要遵循一个原则，即历史文字信息和影像信息之间有一定的勾连。有的联系非常紧密，是一对一的关系；有的是相互关联；有的是看起来风马牛不相及，但往往通过语言建立联系。例如影片中有些汉代的事物与秦代的事物通过一句话产生了联系。这个制度实际上到后来延续了很长时间，都在使用。但是断定这个制度从秦朝开始使用绝对不是随便的，而是要通过文字准确地描述。

（二）历史事件的符号化表达

战国时期，各国都有自己的货币，而且形状、大小、轻重和换算单位都各不相同。全国统一后，秦王朝规定废除六国旧币，以原秦币为基础统一制定新的货币。

将战国时期的各国钱币与特定的历史事件相联系，释读者在释读历史的过程中要能做到将某一件历史重大事件通过一件相关的事物引出，即历史事件符号化过程，这样就可以自然过渡到所要讲述的主题——历史事件。

历史的符号化表达使得历史影像兼具历史与现实的双重特征。

以纪录片《中华文明》为例：

1. 符号的影像史学功能

货币作为符号从古到今，现在很多银行一直在采用，这是历史与现实的联系。通过历史影像实现了历史与现实的联系，即通过很简单的一个形象联想到中国几千年的货币历史和商业交往史，这一联想跨越了两千多年的时间和空间距离。

从历史影像中可以看出，历史所发生的变化是具体的形式上的变化，即发生变化的是现象，没有发生变化的是本质。透过现象（影像）发现本质之间的联系，这就是历史影像表达的形式。如410年西哥特人入侵罗马并烧毁罗马城的历史，留下了柱子上的焚烧的痕迹，今天的罗马仍然可以看到焚烧过的柱子，认识历史细节的人能发现，并认识到现实与历史之间的关系。

2. 文献的影像化表达

与此同时，秦王朝还规定统一度量衡，以原秦国的度量衡为基础，向全国颁行新的统一的度量衡制度和标准器。在考古出土的一些秦代的量器上，人们发现了刻有这一诏书的铭文。历史上的度量器发展出一个今天常常使用的词：权衡。

从现今广泛使用的汉语中，能够发现很多历史信息，类如"马革裹尸"。这一词语出自何处、何时，有什么样的历史掌故等，都是有历史记忆可循的。"权衡利弊"一词是秦统一之后的一个事件引出的。"权"和"衡"在今天的历史影像中，显然能够听得到、看得到。通过释读者的思考、判断、斟酌，通过历史影像可以看出这两者之间是有关系的，历史上的权衡和影片中的权衡是有关系的。这个关系的建立过程，是通过想象完成的，即历史创意的过程。

3. 影像技术与学术研究

纪录片《中华文明》解说词：强大的秦帝国虽然远离了我们两千多年，但今天的考古工作者在不断地为我们展示它曾经有过的辉煌。被称为秦咸阳宫第一号的建筑遗址就是一处由夯土筑起的三层高台建筑，经过电脑复原后可以看出十分雄伟。

解说词提到的这个建筑显然已经不存在了，但是考古出来的一些文物能够让人想象。而如果仅凭着想象，在表现历史上是无力的。现在的数字手段，不仅能够把历史想象的东西模拟成形，而且能够让历史更为完整、更为圆满。这样一种想象就是技术和学术的结合，在研究的过程中就能发现秦代当时的建筑是怎样的以及对后来建筑史的影响。不可能每个学者都是建筑学家，但现在的数字技术可以帮助它实现这种想象。这是技术的一种创意，也就是说学术和技术结合产生了另外一种创意。比如学术研究者可以想象出秦代建筑的样子，但是无法将其具象化；而技术人员通过三维模拟技术做得到，这就是数字影像和历史的结合。所以在这样数字化和历史结合创作的空间中，历史创意的空间是巨大的。有了研究和创意，历史学才更有活力。

4．文字阅读和影像释读

纪录片《中华文明》画外解说：1974的春天，关中平原发生了严重的旱情，陕西省临潼县的一群农民挖了一个五米深的水井，然而，那没有渗出一滴水的水井却通往了两千多年前的神奇世界。一个伟大的序幕拉开了，即将上演的是20世纪最为壮观的考古发现。

经过两年多的钻探、挖掘，到1976年，人们发现这里是中国第一个皇帝——秦始皇陵园中的一处大型兵马俑陪葬坑。目前已发掘的秦始皇陪葬坑中的兵马俑有步兵、车兵和骑兵，还有指挥这支军队的将军们，他们的身份区分就在于穿的铠甲不同。如有件"将军俑"，他身上的花穗显示出他的军衔，手中的利剑支撑起那厚重的身躯，也许他正在猜测，谁将会首先向这个地下王国发起挑战。

这段影像是真实的，但是对影像的解释是虚构的。编导的创意，并不意味着就是释读者的想法。这种差异说明虽然兵马俑是一个客观存在，但不同的主观大脑对它的理解和感受不同。每天络绎不绝的人，每个人看到的差异性体现在文字和影像的结合上。解说词的张力越大，影像里的信息越多，影像释读的信息就越丰富，文字释读的内容就会越丰富，同时创意的空间就越大。正如下面这段解说：

目前已经探明的三个陶俑坑中，有陶制的兵马俑近八千件，木质的战车一百四十多乘。商鞅变法后，秦国的军权高度集中，五十人以上的军队调动完全根据皇帝的命令。调动的凭证就是"虎符"，它一半在皇帝处，另一半在大将手中，两半合在一起才可调动军队。

五、创作者的综合素养

"虎符"对于很多人并不陌生，把虎符跟商鞅变法、跟秦国的政令使用等历史信息结合，是历史学和创意的结合。一个历史影像一旦产生，能够产生什么样的释读，其创意的空间大小，并不是影像本身的信息所能决定的。这与释读者所触及的信息有很大的关系，甚至与信息所用的技术有极为密切的关系。通过软件将一张图片360度旋转，就可以发现更多的空间，它的立体形象也可以展示出来，这和所掌握的技术信息有很大的关系。这个信息已经远远地超过了历史的范畴，超过了文字的范畴，它包含了很多创作者的能力、素养。所以创意是很多能力的综合体现，特别是历史文化创意。

现实的文化创意的对象是现实生活中的元素，历史文化的创意，要跨越时间对比，因此相对于现实文化创意更为复杂。打通思维上的时间通道尤其重要。打通时间隧道的一个很重要的方式就是发掘历史或者阅读历史——我们不可能回到过去，只能通过读书或者是考古的方式来研究。考古是少部分人的专业，大部分人还是通过间接方式获取经验，读书的过程和它的结合与考古是不一样的，创建的空间也不同。

通过阅读秦砖汉瓦，能更直接感受到秦汉人的生活和情感，这是影像表达历史的独特优势。

第七章

影像史学视野下的习俗风化

——以纪录片《春天的节日》*为例

* 五洲传播中心出品"新疆非物质文化遗产"系列电视片,2009年。

第七章 影像史学视野下的习俗风化

《周易》有云:"观乎天文,以察时变;观乎人文,以化成天下。"这句话说明了作为以农为根本的古代中国非常重视自然的变化以及人与自然的关系,上升为哲学高度就是追求"天人合一"的境界。因此,有关自然变化的认识和总结,中国人自有一套完备的知识体系,如二十四节气以及配套的大大小小的节日。节日、节气是连接历史和现实,传承历史的重要非物质文化载体。

运用现代化的影像手段呈现这些文化传统,挖掘其背后的历史信息,形成具有文化创意的影像研究作品,不仅是对我们的传统文化的很好传承,也是历史研究的新的手段和视角。

然而,随着时代的变化,人们视觉体验水平也在不断提高,如果仍以传统纪录片的思维和模式看待,无法满足需要。2012年的《舌尖上的中国》就是个成功的尝试,唯美的画面、时空的切换、解说方式的转变、跳跃式的结构,使整体影片的节奏和信息量都更加符合现代人的视觉需求。

同样,历史研究也需要做出方法论上的改变,正是因为历史类纪录片素材内容的限制,不像电影和文艺类影片那样可以想象性创作,就更要求在叙事形式上有所创新。纪录片创作形式的丰富多样性,应该被中国的纪录片创作者和理论工作者所接受,只承认"纪实"而一味排斥其它的表现形式只会作茧自缚。

相关的历史影像作品已经有很多,其中不乏优秀作品。

一、自然历史中的"节点"

节日之所以称为"节"日,是因为它将永恒流动的时间,划分成了若干个"节点"。而所谓节气、节日正是标明这些"节点"的特殊日子。而这些历史节点正是历史影像记录和研究历史的出发点。

由于农业的发达，中国很早就有从农业实践活动中总结时令气候变化规律的意识，因此中国对自然规律的认识相对更早、更科学和完备，而且成为人们日常生活中规范性的文化行为，即人们不约而同地在某个时间点上举行某种仪式或到了某个节气做什么准备等。而在众多的文化行为中，只有对人们共同践行的规范性的文化行为的研究才有历史意义和史料价值。

（一）二十四节气

二十四节气作为中国古代节气的一种，是指二十四个时节和气候，是中国古代订立的一种用来指导农事的补充历法。由于东亚传统农历是一种"阴阳合历"，即根据太阳也根据月亮的运行制定的，因此不能完全反映太阳运行周期。但中国又是一个农业社会，农业需要严格了解太阳运行情况，农事完全根据太阳进行，所以在历法中又加入了单独反映太阳运行周期的"二十四节气"，用作确定闰月的标准。也就是说，二十四节气是纯阳历，而丝毫不是按阴历制定的。

而不论在历史上还是在现实中，人类在公共空间中所使用的时间，都不仅仅是单纯物理意义的时间，也是文化的时间。二十四节气背后所代表的中国传统的文化内涵更是影像史学应该关注的内容。

（二）节气与农业

二十四节气是农业生产的规划表，用于对农业生产的具体指导。比如"谷雨"提醒人们这期间降雨增多，与植物生长发育关系很大，还有"小满""芒种"等。因此，民间还总结成了一些好念好记的谚语或歌谣。比如《农家月令》："立春喂耕牛，雨水滤粪土，惊蛰河半开，春分种小麦，清明前后种扁豆。"两千年前，雅典人根据物候推演出物候历。物候指植物春生夏长，秋收冬藏，动物迁眠。18世纪中，瑞典植物学家林奈，开始分类研究植物；19世纪中叶，物候学的研究开始。

（三）节气与政令

古代国家政府以十二个月分别记述应该施行的政令，形成具有中国特色的

"月令文化"。这些政令包括政治、经济、农事、礼仪、祭祀、生活等内容，古代很多文献中都记载着有关农事的政令。"'月令文化'由'时''空''政（人）''文'诸要素构成，是行政朝廷政令的特殊形态。"①

（四）节气与民俗

"说个子来道个子，正月过年耍狮子，二月惊蛰抱蚕子，三月清明坟飘子，四月立夏插秧子，五月端阳吃粽子……"，民间有很多这样的反映节气的歌谣，体现着人们对生活的总结。如立春，二十四节气的第一个，意指春天的来临，是一个古老的节气，周朝就有迎接立春的仪式。其过程大致是：立春前三日，天子开始斋戒；到了立春日，亲率三公九卿诸侯大夫，到东方八里之郊迎春，祈求丰收。因为东郊迎春祭拜的是句芒神，居住在东方。迎春礼一直延续到清朝，是历代封建统治者都要举办的仪式。民俗中包含的丰富的仪式元素也是影像表达历史和社会变化的基本影像语言单位。

（五）历史的变化

从历史角度看节气、节日，它们是一些历史长河里的重要节点，都代表着中国自古有之的文化传统，都是一段段延续至今的历史。这些历史节点包含了传统文献史料不具备的史料特征，它们鲜活而且随时代发展而有所变化。这些与民生有关的节气、节日将过去和现在通过一种仪式和"文化认同"联系为一个整体，一脉相传。在这一点上，东西方有相同的记忆，这实际上是人类认识自然和认识自身生活相一致的结果。在这样的历史节点上，往往会产生人类、自然、社会共生的文化现象。而这些文化现象通过历史影像的手段记录、描述，不仅对文化的传承、历史研究有重大意义，还会促进人类对自身认识的加深。

随着社会和自然变化，节气、节日内涵和形式都有不同的变化，而这种变化中就蕴含着影像史学表达的历史信息。

节日具有明显的地域差异。因此，规范性记录民俗节日文化行为有两大标

---

① 佟辉:《节令智道》，中国社会出版社，2012年。

志就是有确切的时间和地域信息。

农耕文明尤其重视节气。有关时令节气和农事的知识代代传承，不断创新演进。这一过程从四季轮回、昼夜更替的自然变化中，蕴含着人类自身的发展变化。将这种变化用影像的形式呈现，就是历史影像的一种时空回溯，似乎坐上了时光机器穿越到了过去。这也正是历史影像的魅力所在，将历史变得更为立体和丰富，打破了时空的局限，清晰地展现历史的变化。

古代人对历史变化的感受和记载主要是通过书写和描绘的方式，这样的方式所承载的历史信息量和细致程度是无法和影像方式比的。古人对时令、节气变化的描述带有很大的主观色彩，主要满足审美需求和兴趣爱好。

二、历史影像中的"节点"

历史就是通过诸如"节气"的一个个节点贯穿起来的，而历史影像就需要从这些节点出发重新建构这些有价值的历史节点，形成影像。

（一）叙事方式

纪实与真实是影像记录历史常用的两个基本范畴。在中国，纪录片被定义"是对社会及自然事物进行记录报道的非虚构的电影或录像节目。纪录片直接拍摄真人真事，不允许虚构事件，基本的叙述报道手法是采访摄影，即在事件的发生发展的过程中，用挑、等、抢的摄影方法，记录真实环境、真实时间里发生的真人真事"[①]。纪实被定义成纪录片的唯一属性。换句话说，如果是纪实的，就是真实的，就是纪录片，反之则不可称为纪录片。纪实仅仅是纪录片的表现形式之一，纪录片的本性应该是"真实"二字。纪实并不等于真实。

"对真实和虚构采取过于简单化的两分法，是我们在思考关于纪录电影的真实问题时遇到的根本困难。选择并不是在两个完全分离的关于真实和虚构的

---

① 朱羽君等主编：《中国应用电视学》，北京师范大学出版社，1993 年。

体制之间进行,而是存在于为接近相对真实而采取的虚构策略中。纪录片不是故事片,也不应该混同于故事片;但是纪录片能够而且应该采用一切虚构手段和策略以达到真实。"①

关乎人们日常生活的节气习俗故事性更强,因此创作空间更大,反映的历史信息更丰富。也正因为信息量大,其中的历史关系就更为复杂,反映的历史问题也往往更有价值,这就需要有一定的叙事结构。比如电影《巴别塔》同一时间跨越四个不同语言、不同信仰、不同经济结构,通过一个放羊小男孩无意打伤美国旅客为线索,讲述了当今许多社会问题:语言障碍、恐怖危机、家庭失和、养老问题等。其叙事结构充分利用符合现实生活习俗的故事性空间转换。

(二)节日影像

节日影像就是用影像的手段呈现节日的不同习俗。影像记录的目的之一是反映节日的跨时空差异,如春节。北方中原地区往往除夕吃团圆饭,而湖南地区以除夕前一天为全家团聚之日,这与特定的历史背景有关。不同的饮食习惯和风俗的差别抑或是不同宗教信仰的民族的习俗比较:伊斯兰背景的肉孜节与藏族传统的雪顿节中有各自信仰和习俗的特征。

古尔邦节,又称宰牲节,这一天是开斋节后的第七十天,即回历十二月十日。这一天,穆斯林们都要沐浴整装去清真寺做礼拜,还要走亲访友,宰羊款待客人,进行各种娱乐活动,场面热闹。

藏历六月底,是西藏一年一度的传统节日"雪顿节"。在藏语中,"雪"是酸奶子的意思,"顿"是"宴"的意思。"雪顿节"按藏语解释,就是吃酸奶子的节日。随着历史发展,后来雪顿节的活动内容逐渐演变为以藏戏会演为主,所以也有人把它称为"藏戏节"。在十七世纪以前,西藏的"雪顿节"活动是一种纯宗教活动。那时按照佛教的法规戒律,夏天有好几十天禁止出家的比丘

---

① [美]林达·威廉姆斯:《没有记忆的镜子——真实,历史与新纪录电影》,单万里译,《电影季刊》,1993年第3期。

出门，要行三事，即"长净""夏安居"直到"解制"。在开禁的日子，他们纷纷出寺下山，世俗百姓都要准备酸奶子进行施舍。僧人们除了一顿酸奶子佳宴外，还欢乐玩耍，这就是"雪顿"的来源。

节日是重要历史过程的浓缩，展开节日就是展开一段复杂生动的历史画卷。穿越空间的限制，通过影像展现民族各自的传统节日习俗以及各自变化，研究节日习俗背后的历史渊源，是历史影像创作、创意方向之一，也是影像史学的重要研究课题。

（三）节日与节奏

影像的节奏感源于历史和现实的节奏感。历史影像产生于对传统文化研究的反思和创新和影像表达。在于视角的别出心裁，要做出有创意的历史影像作品，就要求创作过程中时刻保持创新的意识。

历史像一幅巨画，只有在展开的全景下方能看出清晰的脉络。用整体史观看待绵长而又复杂的历史，需要把中国古代主要的节日放在同一条时间轴上，从同一历史时期不同民族的发展进程中发现相似性和差异性，寻找传统节日体系的内在"节奏"特征。把一年的岁时节日作为一个整体加以认识把握，节日是将流动的时间划分成"节"的特殊日子，一年本身就是一个整体的单位，并且具有循环往复的特性。

如果把农历的一年比作一条时间的项链，那么，岁时节日就是这条项链上一个个璀璨的珍珠。问题在于，这一颗颗珍珠是否仅仅是因为历史上一个个偶然的历史人物或历史故事的出现——比如寒食节的介子推起源说、端午节的屈原起源说、七月七日的牛郎织女起源说等——才得以镶嵌在这条项链上的呢？节日之间的内在逻辑联系何在？岁时节日与农业历法之间的关系何在？影像分析和创作的方法可以帮助研究者接近历史的真相。

古文献《荆楚岁时记》是中国古代岁时记的开山之作，是中国古代江汉地区岁时文化领域最重要的一部著作；《古今图书集成》号称"以一书贯串古今，包罗万有"。可以发现中国古代岁时排列的内在结构特征：重前半年，轻后半年，即一到六月节日分量重，七到十二月节日分量轻。季节上重春秋，轻夏冬。以月为单位，月数上重奇数月，轻偶数月。月内重前半月，轻后半月。这就说明古代节日的排列具有鲜明的内在节奏。

究其原因在于与阴阳观念有内在联系，即重阳轻阴的特征。因为按阴阳观念，奇数为阳，偶数为阴；符合农耕生活的生产方式。春秋两季农事最繁，要把生活分出节奏，使繁忙的压力得到调节和释放，这也是中国自古就有的一种养生之道。和春天祈求丰收，秋天报谢丰收有关，即春祈秋报；与中国古代文化的内在精神相符合，即"一张一弛，文武之道"，这是古代传统的中庸思想的体现。

这是中国节日的文化逻辑，历史影像在节日中因历史事件的影响表现出显著的时代性。

春节如一部记录历史影像的作品片头，节奏上暗合整体节日的时间排布节奏，形成内容和形式的有机融合。中国古代节日的时间排布特点就以影像的形式立体地呈现。从中国的阴阳太极、农耕文化、中庸思想中寻找有故事性的代表事件和标记性图像引出文化主题；在确切的主题下寻找具有承载相关历史信息的典型案例，加工制作出浓缩了历史信息的文案，通过影像分析的方法分解关于节日文化的镜头语汇，通过影像记录、传播的方式加以编辑包装，这是围绕节日的历史影像制作的基本流程。

（四）节日与影像符号

影像语言不同于文字语言，可以通过文字叙述表达意思，影像语言是通过画面、叙事单位表达信息，要求所选画面有代表性和标记性，这是画面的符号化。说起古代时间计量就想起圭表、沙漏，提起古代方位就想起司南，它们已经成为一种历史符号，一种时间和文化的符号。

节日的符号尤其丰富。春节的符号：春联、鞭炮、团圆饭等；端午节的符号：粽子、龙舟、屈原等；重阳节的符号：茱萸、菊花酒；中秋节的符号：圆月、嫦娥、月饼……

以下几个中国节日具有典型的历史影像特征。

1. 寒食节

历史渊源

相传晋献公妃子骊姬为自己儿子奚齐继位，设计毒害太子申生，逼其自杀。申生弟弟重耳为避灾祸流亡，受尽屈辱。臣子远去，只有介子推等少数几人割股肉烤熟给重耳果腹、续命。后重耳成晋文公，遍请介子推不就，烧绵山见介子推母子相拥倚靠大柳树而死。此后，文公将绵山改为"介山"，放火烧山日定为寒食节，此日不动烟火，只食寒食。次年，文公率群臣素服祭奠，枯柳复活，遂赐名"清明柳"，是日定为"清明节"。

每一个现实都有历史的影子，从现实追溯历史的方式，是历史影像非常重要的方式。和长期以来以纸笔书写历史的方式不同，现代人接受历史信息的方式正朝着数字时代的影像手段迈进，纸质图书影响力日趋弱化，历史研究也应随着时代的发展而更新。

风俗流传

规范性行为长期积累形成风俗，是一种更为大众化的行为和观念。"清明时节雨纷纷"是古人对时令节气的总结，形成规范性行为即清明"上坟"，追思故人。久而久之，形成习俗和中国人骨子里"敬祖"的观念。"清明时节雨纷纷，路上行人欲断魂"，禁止烟火，只吃冷食，以示纪念。于是山西一带有了"之推燕"——即用面粉和着枣泥捏成燕子形状的食品在清明时节流行，也有用柳条串起挂门两侧的习俗，还有的地方做枣饼、麦糕纪念，南方则是糯米糖藕。这样和中国的节日连接起来，"之推燕"已不单单是一种食品，更是一种文化的象征，一种对先人思念的表达，如今，相关的创意文化食品制作已经成为一种非物质文化遗产。

记忆传承

记忆传承是历史文化创意很重要的一个方面，好的历史影像是把科学的考证和现代创意完美结合。最后结果是既有审美功能，又能承载历史信息，还能体现其中的文化传承，这样的影像充满历史价值。

非物质文化遗产：现代人的某些行为习惯，如清明时节踏青、插柳、春游、植树等行为与历史中的某事件、某人物、某历史影像的关系，体现着"天人合一"的理念和人自身情感的追求。植树既是追思先人，是情感的需要；也是有益身心的健身活动。特定的历史传统和历史环境相结合形成不同的文化现象。

2. 春节

春节是在中国节日里最重要的节日。随着时代的发展，春节的庆祝方式和含义已经发生很大的变化，但其中所包含的东方农耕社会人民对新的一年的期许和美好祝福、家庭团聚的宗族观念的影响仍然清晰可见。

研究影像历史可以从司空见惯的现象中寻找到纵向的历史的线索。如春联的来历，从驱鬼辟邪的图案到艺术汉字是由形式到内容的一种转变。对于历史影像来说，形式和内容同样重要，甚至形式比内容更重要。

3. 元宵节

元宵节在西汉时期已经形成。到东汉明帝时，因佛教广泛流传得到强化。于是正月十五僧人掌灯观佛祖舍利，遂令是日在皇宫寺庙点灯敬佛。汉文帝时候，正月十五定为元宵节。另有说法是道教"三元说"：正月十五为上元，七月十五为中元，十月十五为下元，主管者分别为天、地、人三官。

4. 七夕节

七夕节源于汉代。据传东晋葛洪辑抄汉代刘歆著《西京杂记》有这样的内容："汉彩女常以七月七日穿七孔针于开襟楼，人俱习之。"东南西北各有七颗代表方位的星，即北斗七星，第一颗为"魁首"，后引用在科举状元，"大魁于天下"，七星节叫"魁星节"或"晒书节"。其中"七"与"期"谐音。日、月加金木水火土五大行星称为"七曜"；同时，"七"的来源可能与佛教有关。还有时间概念，一周为七天。"七七"有双吉之意，七十七岁称为"喜寿"。

5. 中秋节

《周礼》中已有"中秋"的记载，对月祭拜成为传统。唐代时，中秋节已经形成，宋代盛行，明清时和春节并重。有关中秋节的传说有后羿射日、嫦娥奔月、吴刚伐桂、玉兔捣药。中秋吃月饼始于元代。朱元璋等率人中原反元，刘伯温献计串联，月饼中传信。

6. 重阳节

每年农历的九月九日为重阳节。《易经》记载：六为阴，九为阳。两九相重故名重阳。有关重阳节的节日影像有：重阳登高、赏菊饮酒、插茱萸和簪菊花，唐代已很普遍。因此就有了"遍插茱萸少一人"的情怀。

围绕节气、节日创意展现在我们平常生活中的展现形式有文学作品，更多的是影视题材、动画作品、旅游项目。历史影像是一个综合的作品，把各种元素有机地整合在一起，是历史文化创意的过程，其中重要的就是历史节点的选择。

三、历史文化的影像表达

2009年五洲传播中心出品的纪录片《春天的节日》，用镜头语言记录了塔吉克民族传承的播种节和古代丝绸之路上的源远流长的文化交流，是现实的记录，更是历史文化的影像表达。

作品简介：帕米尔高原，平均海拔五千多米，号称"世界屋脊"，这里是"生命的禁区"，但是，塔吉克人却已经在这里生息繁衍了几个世纪。一千多年前塔吉克人建立的石头城依旧矗立，向人们讲述着塔吉克先祖辉煌的历史。冰雪覆盖的帕米尔高原，把大自然的美丽和严酷体现到了极致，只有红柳，在这片荒寒之地透露着生命的气息。

古老的塔吉克传统节日——引水节和播种节，向人们展示了一个高原民族生存的秘密。几个世纪以来，塔吉克人在初春都需要破开坚冰，把雪山上融化的雪水引进水渠里灌溉农田。久而久之，就形成了引水节。

摄制组进驻的日子里，和塔吉克先祖一样，依明江大叔带领着村子里所有的年轻人聚集到了山脚下的水闸前，在凛冽的寒风中，破冰引水。在零下十几度的雪水中破冰引水，绝不是一件容易的事情。今年的引水尤其不顺利。为庆祝引水成功，并不富裕的塔吉克人在引水渠边宰了一只羊。鲜红的羊血，祭祀着雪山和大地，预示着幸福和丰收。

与此同时，买买热衣穆大叔一家正在用豌豆面捏制农具和耕牛，他们在为播种节做准备。豌豆牛是对耕牛过去一年辛苦劳作的奖励，也希望耕牛今年更加努力。这时候，牛在田里耕地实际上是一种仪式，耕地耕出的图案实际上是一粒麦种的形状。在"接种子"的仪式里，接到的种子越多，象征着今年的收成就越多。

肖公巴哈尔节是塔吉克人最大的节日，也就是新的一年的开始。引水灌溉、开耕播种后的塔吉克人，尽情地玩乐，春天给帕米尔高原带来了欢声笑语。

（一）节日中的历史

一千三百多年前，中国历史上最著名的高僧玄奘到印度求法，来去都经过了帕米尔高原，在他的著作《大唐西域记》中，有对这里最早的、详细的文字描述："这里山岭相连，平原狭窄，庄稼长得很少。"

由于自然环境恶劣，在帕米尔高原上从事农业生产的条件并不好，但是我们可以从玄奘的描述中了解到，塔吉克人的先祖从事农业生产的历史显然非常悠久了。

高山草场适合放牧，较为温暖的河谷低地可以定居、耕种。帕米尔高原独特的地理和气候决定了塔吉克人半农半牧的生产方式。直到现在，这种延续了几千年的生产方式依然没有显著的改变。

……

巍峨的雪山，奔流的大河，是塔吉克人世代生息的空间。塔吉克人很早就开始了灌溉农业。也许，塔吉克先民就是在雪山融水冲刷大地形成河床的启发下，开始修建水渠，引水灌溉。现在，我们还可以看到塔吉克先民修建的古渠道遗迹。

塔什库尔干河东岸南北走向有一条山脉，叫"干代喀尔"。远远看去，山脚下好像是有一条路，可是走近爬上去以后，才能知道其实是一条沿着山脚修建的水渠。这就是著名的古代丝绸之路上，葱岭地区的"法里药特－西琳渠"遗址。

"法里药特－西琳渠"的遗址全长八十多公里，是古代帕米尔高原上最大的水利工程，也是一个高寒地区农业开发上的奇迹。在古渠的沿途，有众多的古代村落和墓葬的遗址。

今天，"法里药特—西琳渠"的大部分渠段已经废弃不用，有些渠段重新整修，用石头和水泥加固后，仍然在帕米尔高原的农业生产上发挥着作用。那么，在塔吉克民族的历史上，是谁在什么时间在如此高寒艰险的地方开凿了这条巨龙一样的水渠呢？

新疆大学教授西仁·库尔班（塔吉克族）说："第一没有史料，第二没有考古发现，我们主要凭借民间故事和它的遗址来推断。这样的话呢，我们一般认为，它是在唐朝时期修的，也就是羯盘陁王国那个时候修的。"

除了著名的"法里药特—西琳渠"外，在今天的帕米尔高原上，原野中、村子里、田地边，随处可以看到大大小小的水渠。

纪录片《春天的节日》是新疆非物质文化遗产的系列片，呈现了各个民族最具有代表性的文化活动，如塔吉克人的引水节和播种节。要考虑到地域环境和民族性格，从中发觉历史信息，像玄奘两次经过此地，并在《大唐西域记》中有所记载，当时此地作为西域所包含的大量历史信息值得探索，另外西域的历史和当时西域民族的历史都是此片可以进一步挖掘的创意点。

现实中塔吉克人的生活状况又是另一番景象，荒漠化环境、盐碱地土质、人烟稀少的地理位置、交通落后、教育设施简陋等，历史与现实的对比在影像中就是如此强烈和震撼人心。影片中有一个细节：一个石头堆，"这是塔吉克人多少年从盐碱地里捡出来的石头堆积而成的"。记录每一个细节，对影片的呈现力和张力都是不可或缺的，而这需要一种对有意义的现象的观察，即敏锐的观察力。

（二）历史中的节日

帕米尔高原高山阻隔，但古代却是横贯东西方的交通枢纽。古丝绸之路爬上帕米尔高原后，汇合在塔什库尔干，然后从这里出发，到达遥远的西亚、南亚和欧洲。

古丝绸之路的兴盛极大促进了竭盘陀王国的强盛。竭盘陀人修筑城堡，设立贸易市场，并从中获利。王国非常重视保护来往商旅的安全，维持商路的畅通。他们修建了众多的驿站，为各国商人和过客提供免费的食宿。

目前，塔什库尔干县境内可以看到六座竭盘陀王国时期的古驿站。吉日尕勒古驿站是保留最完好的一座。

塔什库尔干县文物管理所所长迪力萨迪克："这些驿站是丝绸之路上，来往的商旅歇脚的地方，也是驼队前进的路标。商队每看到一个驿站，就知道自己没有迷路。塔吉克先民们建的驿站，都是修在有水有草的地方，方便驼队解决人畜饮水和牲口吃草的问题。因为驼队一天一般能走大约四十公里的路程，所以每个驿站之间，正好距离四十公里左右。"

在吉日尕勒古驿站的边上，就是连通中国和巴基斯坦的"中巴友谊公路"，它1988年建成通车，全长一千多公里。2006年10月，公路已经全线铺设成柏油路面，它大大地改善了帕米尔高原的交通，促进了两国商业和贸易的发展。

中巴友谊公路的建成，被人称作古老"丝绸之路"的复兴。

《春天的节日》画外解说：这些塔吉克年轻人正在刨水闸周围的冰。他们要把河里的水通过闸门泄到水渠里，再通过长长的水渠把水引到村子边的农田里。

这其实是塔吉克人的一个古老传统的节日——"引水节"，塔吉克语称为"祖吾尔"。帕米尔高原气候寒冷、人口稀少、居住分散，在这种自然条件下，开春破冰引水，仅仅靠一家一户的个体劳动是根本无法完成的，必须动员和组织全村青壮劳力一起出动，团结互助把水引来灌溉。久而久之，就形成了塔吉克人的这个重要节日——"引水节"。

影像作品将历史、现实、文化创意结合，将塔什库尔干县志记载的有关故事传说和当地学者对本地区历史的研究、当地人的采访和节日期间真实事件记录相结合，最终形成创作文本和影像作品。

帕米尔高原上生活着三万多名塔吉克人，其中有一万人居住在塔什库尔干县城。这里是塔吉克人的政治、经济和文化教育中心，也是商业贸易中心，是一个宁静、祥和的高原小城。

在塔吉克语里,"塔什库尔干"是"石头城"的意思。在今天的塔什库尔干县城东面仍然耸立着一座古城堡,它就是塔吉克先民建立的羯盘陁王国的都城。城堡坐落在塔什库尔干河的西岸的一个小山包上,墙基是石头砌成的,但主体却分明是用泥砖垒砌或者夯土建成的,为什么一座土城却叫作"石头城"呢?

新疆大学教授西仁·库尔班(塔吉克族)介绍:"一千三百多年前修的时候,用的是石头。石头嘛,旁边不是塔什库尔干河吗,从河的对面的高山上,搬过来石头修的。到清朝的时候,重修了三次,那时候用的不是石头,而是土块。"

历史上的石头城分为内城和外城,我们现在看到的只是内城的遗址。外城原来是民宅和佛寺,已荡然无存。内城城墙依然挺立,但原来的王宫、官衙都残破不堪,一派萧条。难以想象,当年玄奘漫步在鼎盛时期的羯盘陁王国的街市上的时候,石头城该是何等繁华的景象!

作为古代丝绸之路上的要塞,一千多年来,石头城历经战火的洗礼,多次被毁,又多次重建。时至今日,在石头城的墙壁上,依然可以看到枪炮留下的许多大大小小的坑眼。而且,细心的人还可以在废墟中找到战争的痕迹。这些符号化的象征物在影像语言中就像文章的标题一样重要和凸显,也可以说影片成功与否首先要看片头的主题符号是否合适。因此,历史文化要想有创意,就要对这些历史符号有深入的把握。

(三)节日与影像

中国的塔吉克人共有四万多人,而接壤的塔吉克斯坦、阿富汗、巴基斯坦和印度等国共有九百多万塔吉克人。"肖公巴哈尔节"是全世界塔吉克人最大的节日,也叫"新春节",是新的一年的开始。

买买热衣穆大叔的儿子上山引水去了,他和老伴扎衣帕大妈正在进行肖公巴哈尔节的准备工作。通过屋顶的天窗往屋里递扫帚,是节日前一个必不可少的仪式。

《春天的节日》画外音：

（买买热衣穆大叔和扎衣帕大妈）

"天窗上有什么？"

"有幸福。"

"门口有什么？"

"有富足。"

"天窗上还有什么？"

"有平安。"

打扫完房梁，扎衣帕大妈往房梁上撒了不少面粉。塔吉克人认为，洁白的面粉是非常珍贵的，撒面粉是迎接客人和节日祝福的重要仪式，象征着吉祥和美好。

（买买热衣穆大叔）

"你们好！""节日快乐！"

大人和小孩的右肩上也要撒一下面粉，这是节日期间，家人之间的祝福。

买买热衣穆大叔还有一项重要工作，他要蘸着面粉在墙上画些图案，祈求新年里幸福美好的生活，这也是"肖公巴哈尔节"的风俗之一。

"肖公巴哈尔"的一个含义是"洒扫庭院"。节日前夕，彻底清扫房屋，扫除一冬所留的污物，是节日前最重要的工作之一。

作为历史节点的传统节日，其本身的时间和空间概念、地域和民族属性就导致了人们的思维方式是一种纵横交错的立体思维，构成的图像也是三维图像，这也就决定了影像的结构也要突破时空的限制。

不同行业、不同民族的规范性文化行为不同：渔民与农夫对自然有不同的理解；东南地区妈祖崇拜和相应祭祀礼仪；中原农民由于对土地的依恋，崇拜土地神。长期生活在帕米尔高原的塔吉克民族对水的感情是复杂而独特的。

历史题材的影像创意正是这样，横向上从一个现实节点出发逆流而上追溯过去历史，然后顺流而下反思现今社会问题；纵向上从一个历史节点出发考察不同空间范围内对同一问题的不同观念、现象等，一段完整而全面的历史、一个丰富而立体的影像创意得到重构。

四、节日与流变

（一）节日的跨文化传播

1. 中国的冬至

古代中国的冬至：有关冬至一词的含义《孝经说》解释："至有三义，一者阴极之至，二者阳气始至，三者日行南至，故谓之至。"即冬至这一天，太阳走到南回归线最顶端，所以是"日行南至"，是北半球日照时间最短的一天，所以是"阴极之至"，又是日照开始一天比一天增长，所以是"阳气之至"。古代是将冬至作为自然年岁的岁首，冬至重要的活动就是冬至祭天活动，而存在于这种祭祀活动背后的是中国古代的以"德治"为根本标准的天命思想。

2. 日本的冬至

日本历史上，明确记载中国冬至岁时活动传到日本的最早史料，见于797年的《续日本纪》，也就是我国的唐朝时期。唐朝是中国文化对日本影响最强的时代。作为中国古代最重要的岁时节日，冬至曾一度登陆日本并成为日本节日的一部分。

3. 中国冬至对日本的影响

约8世纪初，日本已有中国冬至节文化的意识，并开始实行冬至赦囚（实行大赦，释放囚犯）。8世纪前半期，日本朝廷中在冬至前后有设宴、赐臣下、赐老、改元年号、立太子等活动。8世纪后期，影响更深远，开始有冬至修造神社、郊天之仪。9世纪之后，日本古代文献中就没有再对冬至的记载了。在民间，与中国古代冬至节俗相近的节俗一直流传。

这与日本的"大尝祭"有直接关系。大尝祭是日本古代祭祀文化中最为特殊并且地位极其重要的祭祀活动，是连续五天举行的大型祭祀仪式，主要有十一月寅日的镇鬼祭、卯日的丰明节会等，它是日本古代传承的冬至祭的一种。直到今天，大尝祭仍旧是日本天皇即位时必须举办的仪式。它背后的思想是日本传统的以"血缘"为根本依据的统治结构，当9世纪这种传统思想再次强大时，逐渐封杀了中国以"德治"为统治思想的冬至活动。

（二）历史影像表达模式——格里尔逊模式即"画面+解说"

导演格里尔逊在影片《漂网渔船》中，用流畅的镜头、考究的构图、"交响乐式"蒙太奇手法以及精心组合的画面完成了这部充满诗意般的纪录电影。"他把诗意当作电影不可或缺的品质。"[①]因此，将其形成的代表他独特美学风格的"画面+解说"模式称为"格里尔逊模式"。历史纪录片也可以尝试用这种美学风格来诗意般重现历史、解构历史、发现历史。

---

① 张同道、刘兰：《格里尔逊模式以及历史影响》，《电影艺术》，2008年第4期。

第八章

影像史学视野下的历史地理

——以央视《走遍中国——天地洛阳》*为例

---

* 中央电视台《走遍中国》，2010年。

第八章　影像史学视野下的历史地理

现代传媒里很多历史影像跟现实生活密切相关，通过影像可以直接看到历史生活的场景。现实生活中见惯的东西，我们往往没有感觉到甚至忽略它的存在。而历史的影像的呈现需要善于发现和思考，尤其是生活中的常物。学习历史更应该对现实建立敏锐的观察和思考现实的习惯，发现并探索现实中的历史影像。"一切历史都是当代史"的意义在于需要用一种历史的思维方法即纵向或横向的联系能力审视现实，看到一件事物会想到相关的事物或历史事件，这是历史学研究中常见的溯源方法，在影像的发现与探索中同样适用。

一、历史影像的探索与发现

（一）发现——有形和无形的影像

历史知识的学习需要注意时间上的连贯性和空间上的相关性，甚至在某种程度上说，学影像历史就是在建立新的时空观。假如数轴上纵轴表示的是地理概念，横轴表示的是时间上的概念，当横轴和纵轴有了交集就构成一幅图像。有的历史的图景是直线的，当然这个可能性很小，而大部分历史的图景是曲折的。

既然要建立现实与历史之间的关系就需要思考以下问题：一是现实中可以发现的历史，这需要一双"有意识"的发现之眼；另外是现实化的问题，现实化的过程就是探索的过程，能够找到现实与历史之间的关系。影像中包括两个内容，即可视的画面和听到的声音，画面是有形的，声音是无形的，二者是影像产生的两大要素。

人自出生就接触大量历史信息。除了阅读书本外，还有耳闻目睹，如通过听评书或听戏曲、听故事、做游戏等。传统的评书主要是演义历史故事或野史,真正的接触历史知识的主要手段还是阅读。以往知识的获得很难通过视觉和听觉之间建立联系来完成,但如今通过影像就可以实现这一目标。不只是获取历史知识,创作同样也可以通过视听的结合完成。

视听结合的关键就在于所发现的内容:首先是发现历史材料。通过材料建立事物之间的联系,这是一个探索并发现的过程,就像央视的《探索·发现》栏目所展示的,为拍摄非洲草原上的大象,肯定要先了解大象的习性,看它习惯在什么样的环境下出没。然后是发现的过程,这档纪实性影片的成功之处是很好地利用了观众对未知信息的需求。影片结构安排是先呈现结果,即最后发现了非洲大象,然后按照探索的过程重新演示发现目标的过程,以此充分调动观众的兴趣和积极性。

(二)探索——天人之际,古今之变

探索的过程用司马迁的话说,最根本的就是"究天人之际",即探索天人之间的关系。这种关系是整个人类社会之中最大的关系,是古代哲学思想的核心和源头,也是古代哲人最常讨论的话题。哲学研究的核心是人,历史学研究的核心问题也是人的问题。

首先,天人关系复杂,包括很多科学理性,与具体历史细节往往相距较远,但在某些方面关系比较密切,比如历史地理问题。

其次是古今之变。在历史影像中包含很多古今之变的内容,从朝代的更替、物我的变迁都可以领悟历史的哲理。影像手段不仅能发现这种历史变化,而且能综合多种变化形成系统的、有规律的过程,综合的过程就是形成"一家之言"的过程。影像充满着客观性存在。任何材料性的东西都存在客观性,不管承认不承认、如何看待,都是存在的,马克思哲学讲客观性就是"不以人的意志为转移的客观实在"。但是这种客观性并不是绝对的,所以影像之所以能成为一家之言,就在于它是有客观性存在的,同时还存在解读的问题。比如摄像机,打开开关人走掉之后,显示的是整个声音记录的客观性。因为是"一家之言",所以主观性也是合理的。从历史研究的层面之所以可以取信,是因其客观性的存在,可以作为史料来使用。

二、历史地理和历史文化

（一）历史地理

1. 历史中人和事与地理位置的关系

地理环境与历史文化的关系体现在历史文化的地域特征，地域特征使历史文化呈现地理上的广泛性和内容上的多样性。

历史地理与历史文化创意的关系。中国的北方和南方不同的地理环境孕育出不同性质的文化。例如北京是曾经多个朝代的帝都，于是现实中的北京人很多习惯与其他地方不一样，经常能看到提着鸟笼子休闲散步的北京人，其中就有满族旗人的遗风。他们宁愿在家里清闲，好像挣钱与他们自己没太大关系，这种"遗风"正是过去很多世代相袭的旗人不用干活就可以拿俸禄长久遗留下来的习惯，这是地域历史文化特点。

广州就与北京大不相同，广东的文化比如饮食就跟北方有很大的区别。广州的早餐花样繁多，而且非常讲究生活，非常细腻。这一点跟当地人的生活状况有关。孟德斯鸠《论法的精神》中所阐述过"地理环境决定论"。所谓"一方水土养一方人"。历史上的民族大融合现象也是常见的事，如今随着市场经济发展，各地的交流和融合速度加快，各地方的特点也在不断融合、改变。这就与当地人的思维习惯、生活环境有关系。小至地域，大到国家气象、民族性格，甚至社会的进步形态都跟地理环境有关。

地理环境作用的结果就是对历史文化的影响。上述地区居民因此形成了独特的生活观念，比如格外重视选择住址。女子出嫁或结婚的时候，就会考虑选择对象的家庭住址、生活条件要有利于下一代的繁衍，考虑当地是不是经常闹旱灾或水灾。这是现实生活，但充满历史根据。历史是非常具体地贴近现实的生活。

2. 历史地理和影像创意的关系

地理环境能影响到一个地方的历史文化，这也就告诉我们影像创意的实现要充分考虑到历史地理因素的影响。以洛阳为例，从夏代开始，有商、西周、东周、东汉、曹魏、西晋、北魏、隋、唐、后梁、后唐、后晋等十三个王朝在此建都,是中国建都最早、历时最长、朝代最多的古都。而且历史上曾先后六次进入世界大城市之列。这样一个历史悠久的城市,有深厚的文化底蕴,其中蕴含的"古今之变"也具有历史典型性和代表性,因此这里也就蕴藏着很大的创意和思考的空间。

类似于洛阳的城市像开封、北京、南京,从哪些角度去探讨这些地域的文化价值将是历史工作者和城市规划人员要考虑的问题。在城镇化过程中,这些古城面临的一个问题就是城镇化模式朝什么方向发展。这就提供了巨大的创意空间,每个城市是不一样的。从历史的角度看洛阳,除了十三朝古都之外,还有它是著名的中外东西方、国内南北方的汇聚点,也是古代交通的集会点,无论是水路还是陆路。通过具体的史料,以查清楚当时发生的事情,但首先要建立一个时间和空间概念,时间上的古都地位和空间上的文化交汇地,两者经纬交织为洛阳描绘出一个空间三维立体图像。

(二)历史文化存在方式

有很多重要的考古遗址可证明中国是四大文明古国之一,而洛阳就是重要的历史节点和可证依据。

1."顺流而下"

从洛阳古城的复原图中,可以看出古代的洛阳的直观样貌,通过复原图可以建立一种历史真实与历史影像之间的联系。当然,这种关系的建立是否完整、是否合理,取决于研究的精细化程度。同时,也体现在对于古代文物、古迹的保护水平。如果文物古迹保护妥善,同时充分利用了现代的最新科技,历史与现实结合得就更加紧密。罗马城市的文物保护非常到位,我们可以看到一个历尽沧桑、概貌犹存的古代城市。古代罗马与现代文化能够一脉相承,人们从现代社会中可以轻易寻到古代的影子,历史研究变得直观、真切。

(1)洛阳的古墓群

历史文化悠久形成了多样的历史遗迹。历史遗址、遗迹除了有文化传承,还有历史断裂。盗墓是历史遗产研究中不可回避的现象。透过盗墓的历史,历史影像的表达可以建立"看得到"和"想得到"的历史元素之间的关系。

河、洛文化是中国重要的文化遗产。河出图、洛出书，图像和历史很早就建立了联系。光武帝陵遗址离黄河大堤很近，这与古代的交通和地理位置有关系，同时与中国的风水文化也有关系，不少名人死后选择埋葬在此。葬址跟地理环境有关系，也和统治阶级上层的喜好有关。"上有所好，下必效之。"遗址埋藏在地下似乎和今人的生活关系不大，当遗迹一旦被打开、发现，古代人和今人的关系就一目了然了。今古之间，"抬头不见低头见"。这是看得见的历史渐变，也是历史研究的乐趣。

（2）信仰中的影像

关羽是山西运城人，死后葬于洛阳，因此洛阳的关帝庙香火极盛。全国各地甚至海外的华人都有供奉，广东、福建和海外华人供奉尤多。关羽的"忠"形成关帝文化和儒家传统相结合，构成中国人的重要信仰。

关羽埋葬地问题是地理上的，也是文化和信仰问题。关羽本身是一个尚武之人，之所以众多人到了现今还在敬奉他，就是因为历史的长期延续使关羽已经化身为"忠义"的象征，而这也正是中国古代文化的重要内容。这是更高层次的历史认识。

祭祀和供奉是行为表达、思想的外化，是影像的具体来源，影像背后是历史思想。信仰者希望超自然的力量能给予肯定，事实上未必能给予。信仰者的希望常常是要超人的力量解决具体的、实际的问题，这是产生信仰的重要原因。全世界华人都信仰关公，是传统文化中价值观使然。"忠"是对国家，"义"是对朋友。"忠"是一条线，表现为众多的历史人物和大是大非的历史事件；"义"是另外一条线，同样表现在历史上关键人物的关键时刻。思想的逻辑最终在历史的变迁中形成影像表达的逻辑。这是探索历史影像的一种思路，历史影像深藏在历史研究之中。

（3）名人与文化

河南偃师是玄奘故里，历史记载确有玄奘其人，不只是小说故事人物即《西游记》里的唐僧。从河南洛阳偃师的玄奘到后来《西游记》中的唐僧，中间已经发生了很多的"古今之变"。两者之间不是必然联系。《西游记》对后世的影响比历史中的人物玄奘要大，是因为中间增加了很多创意元素。玄奘的历史形象逐渐改变了，不再仅仅是一个普通的僧人，而成了一种信仰的化身。新的影像特征虽然远离了真实，但赋予了新的历史内涵，增加了形而上的价值。

历史遗迹蕴含的历史信息充满在现实中，洛阳还有很多特色文化都与历史地理环境有关。如中国四大名砚之一的"澄泥砚"产自洛阳，和这座城市是"九朝古都"，文房用品精益求精有关，也和城市的选址靠近黄河有关。

有形的文物告诉后人相关区域的历史，这是历史文化现象的根据，提供了从现实追溯文化根源的历史依据，同时也建立起了历史和现实生活之间的密切相关。从生活现象、历史起源、历史演变过程入手分析历史影像是影像史学的重要方法。把历史、地理、现代信息等元素用技术手段融合，可以看到更加清晰的古今之变。因此，历史研究者所能做的除了读书、梳理历史信息之间的关系之外，还可以通过一个个影像信息展现这些历史元素的综合体，这与以往叙述历史的画面和方式完全不同。

2."逆流而上"

按时间顺序梳理历史是"顺流而下"的历史叙事，同样，历史表达也可以"逆流而上"，即以一种反向思维的方式从现今看历史。河南生产一种名叫"杜康"的酒，这个名字背后的历史显然和历史人物杜康相关。由今天人们饮的酒追溯杜康的时代和生活，酒历史可以呈现这一地域酒文化的历史影像。同样，洛阳作为十三朝古都的生活风俗、历史遗迹等也可以用影像的手段呈现。这些节点本来是支离破碎的片段，历史文化创意的思路、影像语言思维的手段将历史的片段串联起来，形成一种新的叙述历史的方式。思考方法的不同，引导研究者从新的角度发现历史。这意味着影像可以建构新的历史叙述模式。影像表达历史更显历史的真实性。正如海登·怀特所说："历史故事与虚构故事的区别首先就是内容，而非形式。历史故事的内容是真实事件，真正发生过的事件，而不是想象的事件，不是叙述者发明的事件。"

三、历史元素的融合与创意

影像与地理环境、地域文化、历史遗迹以及现实生活之间息息相关,这些历史的"碎片"用什么方式串联,才能形成完整的、有创意的历史影像作品?大量的历史文化纪录片就是用影像创意的手段表达历史。为了将历史信息融合,纪录片常常融入大量的历史研究成果和最新的科技手段。

历史影像中常见四种元素:

(一)学者专家的研究

《走遍中国——天地洛阳》解说词:现在我们走近的是洛阳市,在节目之前,我们还是先来了解一下洛阳这座城市所处的地理位置。河南省的洛阳市位于中原腹地,黄河之畔。它是华夏文明的发祥地,在数千年的岁月里先后有十三个王朝在这里建立。这块土地融括了中华民族的千古沧桑。

这段话可以让人深切地感受到历史影像表达的具象特点,尽管主持人对于历史影像的展现是不具有说服力的,这段话从她口里说出来,这就是画面语言,与从历史学者口中说出来的效果不同。这是"马太效应",知名学者、专业人士的评定往往更有说服力。即便专家说得没主持人说得那么好听和标准,穿着没那么华丽,但人们往往更愿意听专家来解说一段历史。这说明了历史影像的一大特点:"形式大于内容"。

(采访)专家分析:"一个最重要的理由,就是在中国古代的思想里面,洛阳号称'天下之中',古代青铜器上面也称洛阳为'中国'。"

主持人:"所以可以说洛阳是我们中华文明的重要起源之地了。那么在2003年年初的时候,洛阳有了新的考古发现,那就是沉睡了三千多年的东周王朝'天子将佑'重见天日,那么'天子将佑'是什么,这一考古发现又有怎样的意义,让我们一起去了解一下。"

现代创意文化的特点,即创意文化是分工合作完成。有摄影师去拍摄,有编导提供文字信息和整体架构,有主持人主持节目,有后期剪辑师剪辑、加工成影像作品。而要想所呈现的影像符合历史事实,使影像更科学化,制作者需要学习掌握基本的历史素养，影像史学需要把史学学术研究和影像文化创意有机结合。

解说词：洛阳市中州路一个巨大的广场在紧锣密鼓的建设之中，正当人们开挖地下停车场时，却意外地发现了一些奇怪的器物……

传统史学注重文字叙述，史学专家的作用体现在证史方面，他们可以断定一段历史的真伪，起到一锤定音的作用。研究夏商周历史的学者很多，他们掌握的材料也很丰富，专家的作用就是证史和让整体影像研究历史有可信度和真实感。洛阳历史悠久，其中的争议也很多，所以研究的结论肯定不是都一致。比如洛阳是否能被定为我们五千年历史的发祥地之一就有不同的意见，总得有人来证明这件事，历史研究的价值就在于此，就是证史。从影像的角度看，则可以用文字的形式来代替证明历史，比如无法采访到某方面的专家学者，就可以使用他的研究成果等文字形式来佐证历史。专家现场采访更形象化和直观。所以，文化创意的方式在不断更新，是灵活多变的，这也更能体现影像呈现历史的多功能性、多元性和时代性特征。

（二）解说叙事

现代影像是一种叙事说明的过程，即非常直观地说明当时历史发展的细节。在史学研究中，"叙事"和"证明"的关系是复杂的。史学研究的范围内，"叙事"的意义没有"证明"重要。"叙事"是前提和辅助的作用，辅助证史，解释历史信息，比如在讲述一段历史时总是要配上一段解说词，就是起到一定的补充解释作用。这样，不同的影像元素对于历史事实再现的功能就不同，所起到的作用也不同。而现代影像里，要想说明问题就离不了后期声音，也就是所谓的"画外音"。因为不做解释，观众就无法了解拍摄地点，还有画面之间被一些信息打断了，也需要补充说明。

（三）考古过程和结果

历史文物是考古工作的成果和证史的重要依据材料。考古是证史的方法，但是如何证史是另外一个问题。考古的证史必须要用考古的成果和结合文献资料得出的研究结果来证史。考古的"过程"同样重要，比如根据传世史料已经定论某地是帝王陵，但考古结果一无所获，这一过程也是有意义的，那就是证明了这一判断的不可靠性。影像记录考古的过程，呈现考古的细节，科学表达历史研究的逻辑和过程，可以积累有价值的一手史料。这些影像史料又成为后人研究的考古问题的一手资料。因此，影像史学在现代考古领域应用广泛。考古的过程和结果都能体现为影像的史料价值。

（四）意味影像的衔接

意味影像是链接两个历史情境的过渡影像，即一个有内容的画面和另一个画面之间的连接桥梁，所谓的切换、转场等剪接的手段。如今网络上的流行语言如切换等都是影像专业领域的术语，这其实就是蒙太奇原理。那么使用这些空画面把这些元素串连起来，就形成了一段完整的影像。这也正是用影像来表述历史的过程和方法。

声音类别　影像中另一个特别重要的因素是声音。声音有很多种，如采访声音、自然的同期声、后期的画外解说、背景音乐等。影像作品中声音的选择又要结合所要呈现的画面内容，也就是说所有影像中的因素之间都是有关联的，同时也要与所要表达的主题相符合，达到节奏上的一致。

音乐　纪录片《唐之韵》中所选的画面和声音不仅体现所要表达的主题，也符合唐代那种大气磅礴的特点，还根据主题专门配制主题音乐。音乐也是影像的一部分，好的影像不仅仅是拍出好的画面就可以达到的，还要配合相应的音乐和节奏，同时以一种合适的组接方式，达到完美结合。

组接方式　组接是将所有元素，如专家的运用、现代影像、考古文物、空画面等根据主题思想连接到一起。而组接后的效果就要看创作者的创意反映水平的高低。

声画关系　声画的衔接能够体现创意价值，要发现声画之间的关系才能很好地衔接二者。《走遍中国》影片中描述洛阳牡丹的场景，就是有了一定的选择和区分，声音和画面形成两张皮，没有达到很好的结合。在讲述牡丹的历史和牡丹的渊源时，画面中仅仅几场空空的花园牡丹场景，信息量和相关性不够丰富，也就是说在讲述牡丹历史时，应该有相关牡丹历史的画面来配合解说。反过来，如果从一个人画牡丹、种植牡丹，或者从洛阳建筑上的牡丹开始追溯，这样会让人知道洛阳牡丹的历史源远流长。再者，要考虑牡丹与它的生长环境和历史文化的相关性，如牡丹与隋炀帝的故事等，可以多角度地思考和探索牡丹的相关故事。影像中出现的人物的重要性体现在人物的语言的指向性。采访对象要慎重选择，接受采访的应该是具有相关研究背景的专业研究者。影像中的客观因素既是可视的又是综合推理的结果，很多时候和相关领域的研究息息相关。牡丹从隋唐到宋元，经过几个历史阶段的演变，其自然属性和社会属性都发生了重大变化。事物发展的时间逻辑为考察"古今之变"提供了方向。影像的客观性既表现在"眼前"，更表现在"幕后"。

四、历史文化的发现和影像探索

从影像史学的意义上看，影像最能体现古今之变。一是形式的变化，如古代的坟墓现在成为一座城墙；一是价值的变化，如牡丹过去是野草，现在成为国色天香的观赏品，它的价值和性能发生变化，所代表的文化内涵也相应发生改变。其中蕴含历史的哲理，影像史学要探究的是这种从外到内的变化之间的关系。从郊外的野生植物成为帝王的宠爱，再到审美的文化，于是"国色天香"一词将这些历史与现实紧密联系起来。

所有视觉元素与听觉元素是可以相互转化的，但将其综合起来，需要通过现实的摄录，记录空间和实体、无声变有声，记录时间和想象的途径和方法，将古今之间形成交叉与融合，实现创意思维的综合。现实社会中，记录空间和实体，可以把时间和想象结合；古今之间，是一个交叉的过程，也是创意思维的过程。照此思路探索和发现并按照一定的历史逻辑剪辑完整，就形成一个完整的历史影像。每个人都有熟悉的生活环境，都可以是历史影像创意的导演。

第九章

影像史学视野下的地区热点

——以纪录片《耶路撒冷——天堂之城》为例*

---

* ［美］discovery 历史人文系列，（中国）国际文化交流音像出版社，2008年。

历史学的价值丰富。通过研究历史可以看到历史本身的连续性和人在历史中的价值，即历史对象的"古今之变"是重要内容。通过对历史过程的探究，找到后人赖以支持的历史启示和现实意义。因此，现实热点常常是历史与现实的连接点。而影像中的现实热点融合了历史对象的诸多要素，如地理环境、商贸交往、战争、疆域变迁以及这些要素的时空变化，从而引发人们对于现实热点问题的纵向理解和思考。

影像思考的重要价值是通过影像发现历史的新视角。不同的视角下，历史会呈现不同的画面。因此，影像在诠释现实热点时，不仅要考虑历史诸要素的古今之变，还要不断寻求独特的历史视角。无论是从古至今展示历史的唯物性，还是由今到古反思人的理性，都要遵循影像作品的"主题画面化"原则，这也正是影像史学中历史学原则和影视学原则结合的要旨。著名纪录片人冷冶夫曾总结拍摄好一部影像作品的要旨是"主题事件化，事件故事化，故事人物化，人物细节化，细节画面化"。

一、影像中的古今之变

（一）地理环境

地理环境是文化创造的自然基础，包括宇宙的、地质的、气象的、水文的、生物的等条件。其大致分为两大类：人类生活的有机环境和无机环境，如气候、地形、纬度、海拔高度等。而地理环境的历史变迁大到气候的变化、植被变化、水系流动迁移、海岸线变化、沙漠化程度，小到人口的消长与迁移、农业的开发与地域差异、工矿业的兴衰变迁、城市的兴衰与城市化过程等。地理环境不是脱离人类生活的纯客观事物，而是在不同时间和空间范围内有可能为人类提供福利或造成阻难的物质和能量，是人类社会生活的有机组成部分。

因此，我们在考察某地历史变迁时，必不可少地要考虑到此地的历史地理环境的变迁问题。当然，不能因此陷入"地理环境决定论"漩涡。在历史影像表达中，地理环境的介绍和比例，将代表这部作品对于地理环境作用问题的看法，这也正是影像的特点之一。影像叙事历史更为故事化，更能影响历史观点的准确表达。

（二）文化景观

文化景观包括有形的文化遗迹景观和无形的风俗民情，是历史信息的承载体。历史影像能丰富历史细节，也能够更全景式地展现历史，为思考现实问题打开新的视角。

（三）商贸交流

商业贸易是人类生存不可或缺的社会活动，其中包含文化的交流。随着文明的发展，商业贸易的形式、内容、性质等都发生着改变，从古代东西方丝绸之路到现今的跨国公司、全球网络，时代的发展变化为曾经的交通节点——中东地区等留下了历史的纵深感，形成现实热点问题的历史因素。

（四）纷争战乱

纷争和战乱也是人类交往的一种方式，甚至许多人类文化成果是通过战争在不同文明间传播的。战争传播文明，中国的火药、造纸术、指南针传播到了阿拉伯世界、基督教世界等，影响深远。考察现实热点问题中的战争、冲突与历史的关系，在影像中完成时空的剪接，可以透过影像从人类发展史整体看待战争的历史影响。

二、现实热点的历史视角

（一）由古及今：历史的唯物性

按照时间线索从古到今思考问题是一般的思维模式，一段完整的历史呈现在世人面前，其中体现着历史的唯物性。历史画卷作为事实"实在"而存在，不以人类的意志而转移，不以人类的认识变化而增减。另一方面，任何主体、任何形式都不能完全重现历史，影像是借助镜头选择性记录历史。历史学是艺术还是科学？按照康德对理性的界定，人的理性应该包含科学性和人文性，因此，科学性和艺术性是历史学的双重属性。在如今历史学的语言学、叙事学转向时期，以追求真实客观历史为目标，同时综合想象性表现手段，如充满艺术气息的影像表达的手段展现历史，将是对"历史的唯物性"最好的理解和遵循。

（二）由今至古：人的理性思考

另一种思维模式就是由现实回溯历史，从中得出人的理性判断。这是以一种逆流而上的方式，由结果推及原因，由现今的热点冲突推及历史变迁和纠纷。这种思维方式就像影像中的"回放"，突破了时空局限，完成了历史和现实的立体对接。人的理性认识在对历史的"逆流而上"中得到升华。

这两种回溯历史的方式在影像中可以很好的结合，即整体上是按照时间顺序演绎历史过程，但其中某个环节可以采用倒叙形式。通过每个关键时刻的回溯，表达了对"历史没有假如"的思考。同样，对于现实热点问题，我们也可以从现实出发，回溯历史因素，从新的视角呈现人们对于现实问题以及其历史根源的思考。

（三）创意与载体

历史影像的创意视角、创意结构、创意表现方法都是无形的，需要通过有形的载体即镜头画面、声音、剪辑组合、文献材料等来展现，前者是灵魂，后者是肢体。

创意思维的不同决定了最后载体的呈现形式。不同的历史视角就会得出不同的历史思考。对"9·11"事件的反思，可以从国家层面思考事件背后的历史背景、国际影响等；也可以从普通市民角度，看"9·11"事件对普通人生活、生命价值的影响；也可以从国家战略和个人日常行为看恐怖事件的应对问题。可以是国家级的影像巨制，也可以是个人版的情感迷思。历史的视野有多开阔，创意的空间就有多大。

三、历史进程的重要节点

（一）历史事件时间特征

所有历史事件都是历史主体在特定时间和空间相遇的结果。现实热点不过是历史时空的交错呈现。

"巴以问题"是全球家喻户晓的地区"热点"问题。耶路撒冷是焦点中的焦点，这是一座被无数人记录过的城市，热点和城市结合形成了对历史问题的独特认识。现实世界很多的热点问题其根源是历史问题。围绕地区热点的不断反复，产生了大量历史影像记录，也构成了影像史学视角下的世界历史。

古代的巴勒斯坦地处西亚"肥沃的新月地带"西南角，夹在美索不达米亚和埃及两大文明地区之间，又濒临地中海，因此成为"亚、非、欧三洲的交通枢纽和周边国家与地区争霸的军事要冲，各种文明的因子在这里碰撞、交融"。希伯来—以色列民族在此形成独具特色的一神论宗教——犹太教文化，而耶路撒冷则是这一文化最集中的象征和体现。

按照《圣经》记载，公元前11世纪末，以色列王大卫王建都于耶路撒冷，后即位的所罗门王在耶路撒冷兴建圣殿，安放约柜于圣殿之内。于是圣殿成为王室献祭、祷告的场所，也是国家举行全国性宗教祭祀活动的地方，政治、经济和宗教文化中心地位进一步强化。

所罗门王之后，王国一分为二，北国以色列和南国犹大国，耶路撒冷成为南国首都。但耶路撒冷的圣城地位未变。之后，先后经历了新巴比伦王国、希腊的入侵，重建的"第二圣殿"再次被毁。

1世纪，起源于犹太教的基督教诞生，按照基督教的传统，耶稣基督曾在耶路撒冷宣讲天国的福音，并被审判、钉十字架、复活，因此这里也成为基督徒心目中的圣地。

7世纪，伊斯兰教在阿拉伯半岛兴起，依照传统，耶路撒冷是先知穆罕默德升霄之地，因此又成为穆斯林的三大圣地之一。至此，耶路撒冷成为三大宗教的共同圣地，也成为各自争夺的目标和战争的借口。此外，各大宗教内部的争夺也十分激烈，如在奥斯曼帝国时期，耶路撒冷的拉丁教会、希腊东正教和亚美尼亚教会之间的争斗曾一度上升为该地区的主要矛盾。

在希伯来语和阿拉伯语中,"耶路撒冷"都是"和平之城"的意思。然而,三千多年来耶路撒冷却饱经沧桑,曾37次被占领或遭兵燹,仅重建和修复就多达18次。从无"和平"可言。

就是这样一座历史文化悠久、宗教问题复杂的城市,现今被划分为四个不同民族、文化背景的区域:基督区、犹太区、穆斯林区、亚美尼亚区。基督区(Christian Quarter)是最大的一个区,位于老城西北部;犹太区(Jewish Quarter)位于老城南部,著名的哭墙就位于此,是犹太教最神圣的地方;穆斯林区(Muslim Quarter)有著名的清真寺;亚美尼亚区(Armenian Quarter)位于老城西南角,是最小的一个区。

他们信仰不同的神灵,有不同的文化习俗,在同一块"圣城"虔诚朝拜,有共处也有冲突。从上古到今天,其呈现的历史影像,充满矛盾和戏剧性,彰显了历史问题和历史表达的复杂。语言、教派、地缘的纷争让一座城市的解说呈现前所未有的多语言版本。耶路撒冷,似乎是只能用一种语言能表达清楚的城市:影像。

(二)影像记录历史

1. 纪录片《耶路撒冷——天堂之城》[①]

背景音乐入,字幕:耶路撒冷神圣之城市

解说:地球上没有一处像这里激发了如此多爱、恨、仇与热情。数千年来,人们聚集于此与他们的上帝相遇,他们相信耶路撒冷是通往天堂的大门,他们的身体在这里尽可能地靠近神圣。尽管他们崇拜同一个上帝,他们以多种不同方式表达,一个产生了三个伟大的宗教。三个宗教都爱耶路撒冷,但是三个都宣传耶路撒冷是他们自己的。十三个世纪来,这个城市被征服、摧毁、重建多达18次。在中世纪就有地图将耶路撒冷描绘成已知世界的中心。某些程

[①] 美国纪录片,导演:Tim Lambert,主演:连姆·尼森。艾美奖获奖作品,揭开了耶路撒冷这个世界上最古老和最神秘城市的面纱。在五千年之间,耶路撒冷被摧毁又重建了数不清的次数,它在今日还能屹立不摇,仍然是一个谜样般的存在。

度上说，这个世界没有改变。没有一个城市聚集了这么多的记者，这里飞起一块石头，开起一枪，都在全球引起反响，这个布满灰尘的中东城镇，仍比所有地方都能夺取更多的想象。这是一个过去和现在想解读这座城市、理解其力量，与其神圣一起生活的人的故事。

字幕：Jerusalem（City of Heaven）《耶路撒冷——天堂之城》

……

地区热点往往通过具体的细节呈现出来。片中一位被采访者的声音把历史影像和现实的问题联系起来。

采访："对我个人而言，我接触这些石头的程度就如同我在触摸跟上帝的联系，因为这些石头一直矗立在这里，倾听着这些人类的祈祷着……"

影像有其客观性，很多时候可以胜过多种语言。影像记录历史，也表达现实。

2. 影像语言的表达

几组与作品主题——圣城耶路撒冷密切相关的画面，航拍整个城区景观、哭墙、祈祷的人群、混杂的商品市场、阿拉伯少女陈述、考古工作过程、历史油画、数字技术模拟的古圣殿时期建筑、圣殿内建筑等影像，给观众完整的背景和主题。这是一部完整而成功的纪录片的第一步，它将引导受众走进这座城市的背后——历史。

3. 影像表达和文字表达的结合

纪实性语言，是纪录片中影像文化的承载基础和表达元素。根据纪实性语言在纪录片中不同程度和方式的运用处理，可以将纪录片表现手法分为叙事语言和表意语言。叙事语言擅长营造一种在场真实感，是历史题材类纪录片常用手法，因为此类纪录片长于叙事。因此，本片大量采用真实再现的叙事语言画面：信徒念经、哭墙边的祈祷场面、考古工作现场、少女的细节表达、城内商业活动等，对耶路撒冷的社会环境及信徒的言行、生活等真实呈现。

4. 影像叙事：历史的影像化

整个影像以耶路撒冷的历史和空间布局为线索，其中根据不同时期特点配合相关油画和纸质文献解说，穿插现今人们的生活情景，实现历史与现今、原因与后果的对比。同时，通过一个个人物使叙事结构故事化，推动情节发展。采访历史研究学者对信徒的研究感受，考古工作人员在哭墙的另一边寻找着耶路撒冷第二圣殿时期的痕迹，这些不仅丰富了整个影像的内容，也为更好地理解今天的耶路撒冷提供更多历史信息，同时推动整个影像的叙事过程。

四、历史影像的空间特征

历史影像记录可以让受众跨越空间发现尘封已久的历史进程，看到现实热点背后的历史热点，这是历史影像具有的独特空间属性决定的。纪录片《耶路撒冷——天堂之城》很好地用镜头语言阐释了历史的复杂和现实的无奈。镜头语言的空间特征通过对比剪辑，使后人可以看到更深远的中东历史变迁。

第十章

影像史学视野下的历史遗产

——以纪录片《文明的轨迹》*为例

---

*　［英］BBC Civilisation，BBC 作品，2013 年。艺术历史学家克拉克爵士编剧与主持，他界定了文明发展的重要阶段。《文明的轨迹》历时两年才拍摄完毕，剧组跨越 13 个国家，走访一百多个城市拍摄，本纪录片 1969 年首播时被喻为电视史上的代表作。克拉克爵士引人入胜的旁白加上欧洲伟大里程碑的动人画面，带领我们探索自罗马帝国沦亡至工业革命及其后的文明发展。这种透过艺术、音乐来呈现历史观点的做法，成为日后无数纪录片看齐并努力超越的标杆。http：//www.baike.com/wiki/%E3%80%8A%E6%96%87%E6%98%8E%E7%9A%84%E8%BD%A8%E8%BF%B9%E3%80%8B。

一、建筑的历史性

影像的手段能够很清晰地呈现历史细节和历史过程。历史以不同的形式存在着。"历史"这个概念是书本中抽象出来的概念,在生活中历史是具体的,从有形的形式如建筑等来看历史就会更为立体。史书中的"伟"和"大"都是可视的,可以体现在建筑的规模和华丽程度上。而"光荣"同样是可以想象的。"伟大"和"光荣"反映了人们对历史的两种认识态度和认识方式。

历史学家通过建筑这种视觉的角度可以看到罗马的"伟大",而能够感受到它的伟大是因为罗马真实存在。通过对比发现,中华文明的五千年历史大多是通过口述和书写的方式遗留下来的,建筑上的成就很少有罗马那么悠久的历史,很难能够找到一个地方或建筑能把中国几千年文明连接起来。罗马明显能让人感觉到它的"伟"和"大",影像给人的判断是:可能与文明存在的形式如建筑材料有关,中国古代多是木质建筑,而古罗马却是大理石质建筑,更容易留住时间的存在。古建筑是城市影像的底片,影像史是一座城市精神的历史,它们共同构成了一座城市的历史精神。

(一)地理位置

台伯河"七丘之城"——古罗马

首先,要有准确的地理位置概念,城市没有过多迁移和毁坏,让罗马城在历史和现实之间较好地统一起来。

罗马人在七个小山丘上建立了一座城市,最终七个小山丘变成了大街小巷,而如今仍能依稀可见这里昔日的辉煌,七个错落有致的轮廓是在这个小山丘上建立的。一个比较高的山丘上小河顺流而下,路边的水管直接可以饮水,这条河孕育了这座城市。这就使得罗马建城的历史成为可视的甚至蕴含着必然性。历史经常是透过看得见的东西延伸到背后的历史内涵。

（二）历史信息

"永恒之城"的来历

罗穆卢斯（Romulus）和瑞摩斯（Remus）

永恒是一个时间概念。"罗马"的含意有两种可能：一是"河畔之城"；二是源自某个家族的姓氏"卢马"，即永恒之城。很多东西也是永恒的，但是看不见，如时间是永恒的。文明是永恒的，虽然无形，但是依然可以感受得到。而罗马的永恒是可以看得见的，通过建筑2700年的文明都可以看得见，"永恒"这个概念就不仅从时间上，而且从空间上诠释了历史。

罗马台伯河通往梵蒂冈的桥

这是罗马台伯河，有很多历史的痕迹。从这个桥往上走，大概距离两公里左右通往梵蒂冈。这样的空间相对位置从古至今没有变化，但这座桥显然已不是罗马时代的建筑模式了。

罗马城　2013年摄

这是从帕拉蒂诺山上看到的罗马。这个罗马城市的形象已经和最初建城时的样子不是同一个概念了，可以感受到历史的变化。据说罗马最初由母狼养育的孩子罗穆卢斯（Romulus）和瑞摩斯（Remus）建立，这个信息本身的真假并不重要。重要的是这座城市永恒，因此已经成为一种文化记忆，它成为见证这座城市存在的一种影像。传说并不影响对历史信息的考察。

所以关于罗马城市建立的各种原因，其来源就有了很多说法，例如将"rum"解释为"乳房"，寓意为母狼之育。关于罗马城的来源，帕拉蒂诺山就是最主要的考古发掘现场。当时贵族住的就是这座山，罗马的集市广场就是现在的古迹，就是元老院旁边的一个小广场。历史学家考证说罗马城是公元前6世纪，帕拉蒂诺山和古罗马集市广场的游牧民族发展而成的。

第十章　影像史学视野下的历史遗产

古罗马遗迹　2013 年摄

这是帝国时代之前的罗马，能够看到当时花园的规模和房子的建造材质，是元老院在这座山上的一座花园。这个花园很大，相当于一个足球场。里面种植的花草以及建筑上的残留让人充满了想象。它的材料取自周围的山上，因为山上盛产大理石和一种可以做成砖的黏土。

这个是奥古斯都家旁边的一个花园，据说草的种类和当时种植的一样。而这种草是从南美引进的草种，因此也引发了很多的猜测和联想，到底南美的草种是如何引进罗马城的？

罗马遗迹　2013 年摄

二、建筑的历史文化内涵

地理位置和有些历史因素是看得见的,有些因素是看不见的。看得见的是一种遗产,看不见的构成了一种文化。屋大维说:"我接受了一座用砖修建的罗马城,却留下了一座大理石的城市。"这一史料中的记载在现实中可以找到考古根据,这些考古的结果如今充斥在大量文献中,以影像的形式存在。

(一)物质的文化

1. "砖修时代"的罗马

罗马遗迹　2013 年摄

这就是"砖修时代"的罗马,可以看出这与我们现在烧制的砖很相似,经历这么多年的光阴的洗礼依然坚固,历史意识告诉读者视觉语言和分析,可以很直观地判断历史遗存。

斗兽场是"砖修时代"建筑特点的代表。完整的斗兽场功能齐全,设计复杂,规模庞大。夕阳下,断壁残垣难掩它自身包含的历史情感。建筑材料和规模客观地叙述了罗马强大的国家实力和社会强有力的组织。想象是历史影像分析的必要方法。

2. 大理石时代的罗马

罗马遗迹　2013 年摄

罗马大理石时代的斗兽场旁边的凯旋门材质为大理石，这个时代的建筑很明显跟砖瓦时代有很大的区别。建筑材质的变化标志着罗马国力提升，不仅建筑雕刻空前精细，审美水平也大大提高。

完整的建筑包含丰富的历史信息。没有健全的政治体制和完整的人才储备的时代不可能产生经典的历史文化遗存。视觉历史有时实际上是文字历史的延伸和丰富。

一个时代的精神外化在这个时代的方方面面。表现在建筑上，特点尤其明显。罗马帝国时代的建筑因为其科学性其精细程度更高，经得起后世学者推敲。"经典"中往往蕴含的是历史价值。作为古代罗马城的代名词，"永恒之城"既是现实的描述，又是历史的总结。

这些建筑很难用文字准确描述其留给后人的感受。百思不解的经典作品让历史充满疑问，即便是残骸也不能掩盖罗马这段历史的伟大。

罗马遗迹　2013年摄

罗马帝国时代的大理石建筑残存在今天的罗马街头司空见惯。精细的大理石的雕刻只是凯旋门的一个微小部分，但是足以反映出国家的气象和当时人的一种精神面貌。罗马文明在有形和无形间，通过有形的物质文化来研究非物质文化，可以把罗马完整地想象出来。通过影像可以认识完整的罗马。罗马文化和罗马历史包括政权更替、国家观念、社会结构、道德水准和人文风化等。

（二）非物质文化

罗马残存的石头上可以看出当时罗马人的审美特点，是当时的罗马人对于人体的一种认识，这也是后来那个地方能够出现米开朗琪罗这样的雕塑家的历史原因。即便如此，从残存的建筑就能感受得到它的精细化程度仍然超乎人的想象。

| 第十章　影像史学视野下的历史遗产 |

罗马遗迹　2013 年摄

这是一个建筑的横梁的局部，大约十二三米长。大理石经过多年的磨砺依然如此精细，像中国传统的刺绣工艺一样精细。从这种精细化的程度可以看出罗马的社会道德、国家气象以及人的审美水准。而从历史的角度很难理解，在当时生产力水准和认识水平下，罗马的石柱能雕刻到这么精细的程度，因此罗马历史一直备受研究者重视。罗马创造的文明还包括数学计算，与现代科学相比也令人惊讶。罗马建筑如果不符合力的原理，就无法经历这么多年的风霜雨露，中间充满了分支学科的精髓。罗马时代的建筑力学和现代建筑力学原理完全符合。

从推算和文字记载能够看到历史变化，罗马经历了王政时代、共和时代、帝国时代。从砖混的罗马到大理石的罗马有区别，王政时期、共和时期、帝国时期的罗马同样有区别，这与各个时代的国力和统治者好恶有关。从历史脉络上看，大理石的罗马最为鼎盛。奥古斯都屋大维（前 27—14 年在位）正对应着当时的中国汉代，但目前汉代残存的地面建筑几乎看不到。如果从汉代和罗马遗留下来的东西做横向对比，可以形成一种新的思路，东西方文明的载体差异显著，影像文化遗产也大不相同。

帝国鼎盛时期在弗拉维王朝（69年—96年），此时罗马开始了大规模城市建设，如罗马斗兽场和帝国议事广场的一部分，剩下的一部分由图拉真（98年—117年在位）在2世纪初完成。卡拉卡拉（211年—217年在位）和戴克里先（284年—305年在位）建了公共浴场以及周边的图书馆。

夜幕下的罗马遗迹　2013年摄

这个大剧院实际上也是残存的一部分，如今大剧院旁边经常举办音乐会。穿越两千年的时空，在古老的大剧院听一场现代音乐会，虽然听不懂意大利语，但音乐表达的感觉和历史相和、相通。这是历史留给后人的馈赠。古代罗马人的生活情调，今天仍然可以在视听中感受到。

英国历史学家爱德华·吉本在《罗马帝国衰亡史》中写道："我在夕阳西下，感受到帝国衰落的时候写的罗马帝国衰亡史。黄昏快天黑的时候，夕阳的余晖洒在罗马古城上。"这段话让人产生怀古的感觉。这种夕阳下的怀想来自夕阳在罗马城的余晖散发的思古幽情，更来自透过现实的罗马感受到的历史的沧桑。本书作者看见古代罗马人的剧场里有三四个人在弹奏吉他，唱着现代流行的意大利歌曲，感觉历史和现实在一个东方人的眼睛里就这样巧妙地结合在一起，历史研究和叙事需要非理性的阐释。

第十章　影像史学视野下的历史遗产

罗马遗迹　2013年摄

这是砖瓦时代的卡拉卡拉大浴场。规模很大,作者徒步走一圈需要一个小时。古罗马时代几万人洗浴的场景,现在无论从技术难度到组织管理都不可思议。

图拉真公园从建筑上能看到罗马从一个时代进入另一个时代的变化,从王政时代到共和时代再到帝国时代的历史变迁,能够感受到东罗马帝国的变化过程和历史的层次感,这是影像跟文字表达的区别。

古罗马遗迹　2013年摄

125

古罗马遗迹　2013 年摄

这是斗兽场的局部特写，可以看到它运用的建筑材料有渣土和混凝土。这些历史的碎片能让我们看到时代特征，纪录片让这些历史的碎片形成完整的历史影像。

三、历史建筑

（一）建筑和历史事件

5 世纪的欧洲人口大迁移期间，罗马先后遭到西哥特人（410 年 8 月）、汪达尔人（455 年 6 月 2 日）和勃艮第人（472 年）的入侵和洗劫。历史建筑有其明显的时代性和历史层次感，不同时代的建筑往往刻下了这个时代的深刻烙印。

（二）建筑和历史人物

建筑反映历史特征的同时，也反映着重大的历史事件和重要的历史人物。研究历史就需要这些历史元素，如重大的历史事件和重要历史人物，并将其联系起来。

四、建筑的历史

（一）自然变迁

自然灾害，如地震、海啸，改变着建筑的存在和位移。

（二）人类行为

战争迁徙、疾病瘟疫决定了建筑的盛衰。

古罗马遗迹　2013年摄

比如蛮族入侵罗马的时候留下了很多遗迹。这是元老院旁边一个残存的屋顶，上面有血迹，是历史上战争的痕迹，还有很多当时罗马的金币。这些是当时留下的历史痕迹和历史细节。

| 影像史学概论 |

古罗马遗迹　2013年摄

从照片显示的细微处可以看到火烧罗马的时候留下的痕迹，金属熔化的痕迹依稀可辨。这说明历史是可以看到的，这些细节在《罗马帝国衰亡史》中有所描述，是作者的文学色彩和合理想象的部分，而不是一个个史料对接，历史本身是连续性的。从图片上看罗马的历史遗迹，可以感受到这些建筑和当时的历史事件之间的关系，而历史事件当中有重要的人在推动，构成了相对完整的历史。

五、纪录片《文明的轨迹》

解说词：……据说这座城市是被一位母狼养大的婴儿建造的，他推着耕犁标注了城市的边界，他的名字叫作罗穆卢斯，而这座城市以他命名的就是罗马。罗马人把自身的知识、技术和生活方式传播到了世界各地，罗马帝国也成为地域最广、历史最久的大帝国。两千年后其获得的成就依然是令人叹为观止。

……

古罗马的道路必须经久耐用。这是古罗马道路中最古老、最著名的一条，它从古罗马的心脏一直延伸到意大利半岛，全长超过400英里。在古罗马人的摆放下，石块就像游戏拼图一样极为紧密地排列在一起。拼接得越紧凑，就越能避免雨水的渗透，道路就越经久耐用。这些道路以致密的土层为基础，两侧各有甬壁和排水沟。最下面铺有一层半灰泥的石块，接着是一层坚硬的填充材料，主要是碎石，最后才是混凝土路面。这条路承载过无比巨大的交通量，数千年以来无数火车车轮碾压出了这些凹槽沟纹。这条路是古罗马的动脉之一，它运载货物、思想当然还有军队。

……

这是古罗马投石器也叫弩炮，是古代的大规模杀伤性武器……当古罗马人攻打耶路撒冷的时候，他们发射的炮弹重达30磅。这种炮弹的威力之所以如此巨大，原因就是它对敌军造成心理冲击。炮弹是用石灰石制成的，在落地时会猛地炸开形成现代式的打击，令敌军闻风丧胆。

六、罗马影像的启示

（一）历史和现实的交互性

从这段影像中可以感受到罗马的伟大。罗马的伟大是可以真实触摸到的，甚至可以仿制。从这个影像当中能够感受到罗马的文化仍在延续，只不过城市因为战争、自然灾害等原因已经物是人非。刚才看到的影片场景就发生在德国科隆附近，它是古代罗马帝国的北部边疆，也就是现在的德意志。当时罗马人的生活方式没有消失，仍然被当地人津津乐道，而且试图去恢复，这是历史文化的力量。

解说词： 这种成功很大程度上归功于外来技术。他们明白什么才是最有效的。他们的很多军事装备都由敌人的设计改造而来……但有一样例外，就是古罗马人的短矛。它的特别之处就在于它的前段形似叉，一旦刺中就能致命。古罗马人在利用短矛进行近身搏斗方面训练有素。另一项技术也让古罗马人受益匪浅，那就是弩弓。古罗马人把古希腊人的发明变成了极具杀伤力的武器。绷紧的绳索，古罗马人用马鬃，传说还有用人的头发来得到更大的力量，改良的集拢传动装置控制着绳索张力，再加上精确的校准，使古罗马人的威力无边，组织性强的古罗马士兵比任何未开化部落更具杀伤力。有了这些改良技术再加上铁的纪律和系统化的作战方法，古罗马军团可谓所向无敌。

这段影像给人最大的感受是"对比"，历史的对比可以是横向的不同地区的比较，还可以是纵向的不同时间的比较。"玻璃"一开始传入中国是以宝物的形式进贡给皇帝的，到后来中国人会造玻璃以后，玻璃就不显珍贵了。在影片中会发现，最早发明了玻璃吹制法后，这种技术在罗马帝国迅速蔓延，玻璃器皿在当地的考古发现里占相当大的比重。在科隆的罗马博物馆里，有相当一部分藏品是玻璃制品，有些比现在的玻璃还要精致。这说明历史影像中折射着现实因素，它们之间是有交互的。从现实中能看到历史，历史中能看见今天。我们今天所用的许多玻璃器皿很多技术并没有超过过去的水平。

（二）历史影像的独立性

解说词：……一边前进一边建造，庞大的道路网络就是这样建成的。古罗马的道路延伸到哪里，就会把他们最伟大的建筑复制到哪里。他们成功运用了拱架结构、桁架结构、梁柱体系、喷泉结构、门楣结构、拱券结构、交叉拱顶结构、多穹顶结构。没有他们就没有古罗马最伟大的建筑。相当于现在足球场大小的古罗马斗兽场达到了四层楼的高度，如果建筑完全由实体墙构成，那么墙体会在自身所用砖块下坍塌。通过使用拱门，古罗马人把巨大的压力分散开来。

拱门结构的基础是楔形拱石，当建造到中间位置时，用拱楔石固定就位。没有拱形结构就不会建造成如此巨大的建筑，它会在自身的压力下崩塌。毫不夸张地说，没有拱形结构就不会有罗马城。

……

罗马古城保存得相对完整，给历史影像的采集和创作分析提供了完整而准确的历史材料。古代罗马的历史的影像跟现实既有交集，又具有独立性。可以通过研究罗马不同时期的历史影像得出更加接近罗马社会的历史结论。罗马影像可以成为独立的历史材料。

（三）建筑作为史料的历史性

历史材料有唯物性、客观性，同时又是可变的、主观的。不同的认识主体随着时间的变化和地点的位移会产生不同的认识，甚至在另外一个历史时期产生共鸣。

解说词：如果去往城外，你就会知道拱门对罗马城是多么重要。克劳狄引水渠是古罗马城的九条水渠之一。九条水渠可以提供四千万加仑的生活用水，这一切都要归功于拱门结构的存在……当时全城都有这样的喷泉，因为它们对于城市的运转有着极为重要的作用。只有非常富有的人才能把水引到自己的房子，而普通老百姓就从这里获得饮用水。喷泉的作用还不止于此，罗马向来是个天气闷热的地方，因此喷泉还起着调节温度的重要作用。喷泉把水喷到空中，风把水汽带到四处，使空气变得更为凉爽，这真是个不错的消暑方法。

不仅罗马，任何一个城市都可以从一个历史地理点梳理。透过影像可以看到一座城市从古到今的运营和变化规则，看到特定历史背景下人类丰富多彩的生活方式和历史精神。

第十一章

影像史学视野下的国际关系

——历史学视野下中苏关系影像考古

以 1949—1969 年中苏纪录电影为中心

20世纪20年代起，苏俄生产的影像产品开始进入中国，中苏之间开始了影像交流的历史。历史影像资料较为清晰地记录了新中国成立后，中国与苏联的关系由同盟到敌视的过程。历史影像资料经过重构，影像的史料价值更为凸显。历史影像和学术研究相结合的影像学考古方法可以看出影像史学视野下的中苏关系。

影像，是一种活动的历史记忆，同时也是在文本叙述之外的另一种记录历史的方式，是镜头化的叙事。以影像为历史学研究对象和近年来"影视史学"的兴起有关。"影视史学"一词最早出现于美国历史学家海登·怀特（Hayden White）所创的"historiophoty"一词，[①]海登·怀特以此词和传统的"书写史学"（historiography）相区分，称影视历史是"以视觉影像和电影话语来表现历史和我们对历史的见解"[②]的新历史。本章力图从中苏关系文献史料和以电影资料为中心的影像史料相结合的视角探析中苏关系。

一、中苏交流的影像历史背景

中苏之间的影像交流始于电影领域，至新中国成立前后，已经历了一个漫长的过程。早在20世纪20年代初，苏联电影已开始在中国放映。最早在中东铁路职工中放映，属非营业性质，只供内部职工看，社会影响不大。[③]1926

[①] "The representation of history and our thought about it in visual images and filmic discourse." Hayden White: *Historiography and Historiophoty*. *American Historical Review*, Vol.93, No.5, 1988, p.12.

[②] Hayden White: *Historiography and Historiophoty*. *American Historical Review*, Vol.93, No.5, 1988, p.12.

[③] 秦宝琦:《五千年中外文化交流史》第四卷，福建人民出版社，2000年，第217页。

年，由田汉主持的南国电影剧社在上海放映了爱森斯坦的著名影片《战舰波将金号》，革命的内容和崭新的形式让中国艺术家受到启发。田汉认为这"是为真正苏俄艺术影片入中国之始"①。到1931年4月，上海百星大戏院上映的普多夫金导演的《成吉思汗的后代》成为第一部在中国公开放映的苏联影片。②从1933年2月6日起，苏联电影被允许在中国公开放映。③在此之后，上映了《生路》《夏伯阳》《静静的顿河》《爱与敌》《金山》等一大批苏联电影。同时，舆论媒体也开始对此有所关注。据统计，"单在《晨报》副刊《每日电影》上，一九三三年内，共发表了55篇介绍苏联电影的文章"④。1933年2月16日在上海大戏院放映的《生路》，被电影评论家称为"新艺术的登场""在中国电影史上，这是值得大书特书的一页"⑤。抗日战争时期，《列宁在1918》《列宁在十月》《钢铁是怎样炼成的》《虹》《大地怒吼》《忠勇巾帼》等苏联影片相继在中国放映，以此来鼓舞国人抗战的信念。"左翼"电影人大胆吸收苏联电影的创作技艺与创作理念。延安时期，苏联电影《夏伯阳》和《列宁在十月》以及《列宁在一九一八》等在延安反复公映。这些苏联电影在"革命圣地"的广泛传播深刻地影响了新中国的电影创作和传播政策。同时，国内进步人士也针对上映的苏联电影撰写文章和评论。《新华日报》从创刊到1945年8月，共发表介绍俄苏文学的374篇，包括介绍苏联文学的文章325篇。⑥这些文章对苏联电影也起到了宣传和介绍作用。

"二战"后，苏联逐渐放弃了对国民党政权的支持利用，转而支持中国共产党。1949年6月，刘少奇率领中国共产党代表团秘密访苏。1949年6月30日，毛泽东发表《论人民民主专政》一文，正式宣布了"一边倒"政策。⑦此

---

① 田汉：《田汉文集》第14卷，中国戏剧出版社，1987年，第264页。
② 程小莹：《先生带我回家》虹口卷，百家出版社，2009年，第43页。
③ 秦宝琦：《五千年中外文化交流史》第四卷，福建人民出版社，2000年，第221页。
④ 夏衍：《懒寻旧梦录》，生活·读书·新知三联书店，1985年，第238—239页。
⑤ 程季华：《苏联电影早期在中国放映史实及其他》，《中国电影》，1957年Z1期，第77页。
⑥ 高文波：《抗战时期俄苏文学译介述略》，载《淮阴师范学院学报（哲学社会科学版）》，2002年第6期，第766页。
⑦ 毛泽东：《论人民民主专政》，《毛泽东选集》第4卷，人民出版社，1991年，第1481页。

后，中国共产党与苏联的关系掀开了新的一页。

1949年10月1日，随着新中国的诞生，中苏关系逐步进入了"蜜月时期"，为文化和意识形态的中苏影像交流奠定了政治基础。

1949年成立的北京电影制片厂及日后成立的中央新闻纪录电影制片厂，成为中苏影像交流的平台和载体。在1949年6月，中宣部曾做出指示："北影成立后，以摄制新闻纪录电影为重点。"① 在同年11月电影局召开的首届行政会议上，周扬指出："新中国的电影是在毛主席文艺方针下，在老解放区的新闻纪录片的基础上，接受进步电影的优良传统而发展起来的。必须坚定地继续贯彻工农兵方向，多方面地反映中国人民解放战争和人民革命斗争以及新中国建设的主题，要提高故事片的思想性和艺术性，使之从纪录片提高到艺术片的水平。"② 因此，北影此后把主要精力放在了新闻纪录片的拍摄上。1953年7月7日，中央新闻纪录电影制片厂成立后，替代了北影成为生产新闻纪录电影的专业厂。③ 其所摄制的新闻片成为日后纪录片中重要的影像材料。

与中苏关系的历史进程同步发展的，正是双方影像关系的不断深入。建国初期有大量的苏联援华专家（见表11-1），在新中国前后影像事业的发展过程中，都有着苏联专家的身影。

表11-1　在华苏联顾问人数（截至每年1月1日）④

年份	1952	1953	1954	1955	1956	1957	1958	1959
人数	116	191	187	455	316	121	54	5

1949年9月底，25位苏联纪录电影工作者来到中国，在长达8个月的时间里，两个摄影队拍摄了大量的素材，分别被编入了两部大型纪录片《解放了

---

① 杨远婴编：《北影纪事》，中国电影出版社，2011年，第10页。
② 新华社：《文化部电影局首届行政会议决定今年影片生产计划坚定地继续贯彻工农兵方向》，《人民日报》，1950年1月17日第3版。
③ 中国广播电视协会纪录片委员会编：《中国纪录片年鉴2006》，中国广播电视出版社，2006年，第389页。
④ 参见沈志华：《苏联专家在中国（1948—1960）》，中国国际广播出版社，2003年，第309页。

的中国》①和《中国人民的胜利》②中。

　　这两部影片上映后产生了广泛的国际影响，均获得了"斯大林奖"③一等奖，中国文化部"1949年到1955年优秀影片——长纪录片"④一等奖。在同年10月苏联文化代表团离开时，周扬曾撰文写道："他们在短短的留华期间给予了我们很多的教益"，并称"希望第二个、第三个，以至无数个代表团源源而来！"⑤。由此也可以反映出，此时苏联影视专家对中国的意义和作用。

　　伴随着影视专家的大量来华，苏联的影视理论也被翻译引入。苏联影片进入中国的渠道有五条：一是以货易货的余额补偿，二是苏方主动赠送放映，三是苏方影片制作人员免费赠送拷贝，四是应中方要求提供拷贝，五是双方进行影片交换。1953年8月22日，我国文化部的陈荒煤和苏联电影委员会的副主席苏达列夫还专门签署了一份协定，苏方无偿向中方提供教学片、参考片和观摩片。⑥这一协定也为双方影像交流提供了途径和条件。

　　1957年"反右"到1960年代初期，尽管中苏关系已经出现了明显裂痕，但两国文艺领域却有着很多相似性。苏联国内"自由派"和"保守派"之间的斗争一直在进行，局势保持着"不稳定的平衡"。在此背景下，1960年代初的中国电影创作又一次出现较好势头。《红色娘子军》《甲午风云》《早春二月》《小兵张嘎》等一批优秀影片，将"十七年"的电影创作推向了一个新高度。这一短暂时期，也是"十七年"中国电影与外界保持着相对良性的关系，并受到苏联电影正面影响而推动创作的最后一段时间。

　　在整个20世纪50年代，苏联电影占据了中国公民文化与教育经历的核心

---

① 《解放了的中国》，编导：徐肖冰、苏河清，摄影：布拉日哥夫等，1950年。

② 《中国人民的胜利》，编导：瓦尔拉莫夫、吴本立、周峰，摄影：瓦龙佐夫、郝玉生、李秉忠、徐来、李华、叶惠，1951年。

③ 刘国新、刘晓、贺耀敏等编：《中华人民共和国历史长编卷一（1949—1956）》，广西人民出版社，1994年，第101页。

④ 刘振宇主编：《中国之最：国家政治·历史文化》，京华出版社，2007年，第219页。

⑤ 周扬：《欢送苏联文化代表团　希望苏联文化代表团再来中国》，《人民日报》，1949年10月28日第4版。

⑥ 梁沈修、唐阁红：《苏联电影在中国的跌宕命运》，《上海党史与党建》，2007年第1期，第30页。

位置。苏联的生活经验、专业技艺、故事情节和影像记录对共产主义中国电影文化的形成发挥了巨大影响。

从20世纪50年代中后期到60年代末,中苏电影交流伴随中苏关系的不断恶化和"文革"的发展陷入停滞,但电影在两国关系中的影响并未消失。

二、影像视野中的中苏形象

(一)影像作品

早期苏联电影对中国影像文化的影响是多方面的,这些影像作品构成了中苏关系的重要内容。

中苏关系中所见的影像资料,根据现存状况和具体内容大致可分为以下几类:

纪录片与新闻影像。"新闻纪录片"是由两类不同的影像产品所构成的,一类是新闻片,另一类则是纪录片。新闻性是新闻记录影像区别于其他门类影像产品的本质特征之一,其直接体现就是新闻影像的画面和文字说明所具有的新闻价值。其中主要的形式即著名的《新闻简报》;《人民日报》曾经在1958年刊文做过详细说明。[①]

纪录片包括长纪录片和短纪录片两种。此时的纪录片,其最突出的特点是作为一种国家意识下的影像垄断,形成了"形象化政论"[②]为主题的宣传产品,同时与当时其他的宣传媒介互为补充。据统计,50年代中期后,中国每年新闻片和纪录片的产量大约为250集左右,从1949年到1966年,所制作而成的完整的纪录片数量为:"长纪录片239部1506本,短纪录片2007部3632本,

---

① "《新闻简报》是常见新闻片,任务是根据党的政策,结合当前的中心工作,报道国内各方面的重大事件和工业、农业、文教、卫生等方面的建设成就。"马征:《新闻纪录片有哪些品种》,《人民日报》,1958年6月10日第8版。

② "广泛报道消息的新闻片是形象化的政论。"(列宁语)参见任远:《电视编辑学》,北京师范大学出版社,2002年,第387页。

新闻期刊片 3528 本。"① 其中，根据中央新影集团纪录片库的数据，具体到每一年的纪录片数量见表 11-2：

表 11-2　1949—1966 年纪录片数量统计表 ②

年份	1949	1950	1951	1952	1953	1954	1955	1956	1957
数量（部）	29	57	39	30	53	62	86	104	71
年份	1958	1959	1960	1961	1962	1963	1964	1965	1966
数量（部）	119	87	93	61	36	47	47	82	20

而从 1949 年到 1969 年，涉及苏联或中苏关系的纪录片共有 86 部 207 本，具体到每一年的数量及当年纪录片所涉及的内容见表 11-3：

表 11-3　1949—1969 年中苏关系纪录片统计表 ③

年份	数量（部）	本数（本）	涉及内容
1949	1	2	文化交流
1950	4	5	领导人访问、友好往来、斯大林诞辰、中苏友好
1951	4	13	国际奖项、纪录片摄制、苏联歌舞、苏联体育
1952	0	0	
1953	11	33	医药卫生、中苏友好、中长铁路、红旗歌舞团、铁路交通、斯大林去世、东德、苏联、国际关系、朝鲜、苏联体育、工代会
1954	5	6	外交、领导人访问、中苏友好、国际会议、文化交流
1955	13	28	中苏友好、旅顺驻军、汽车工业、国防建设、农业建设、友谊农场、领导人访问、慰问苏军、农业展览会、国际会议、国庆阅兵、文化交流、国际歌舞

---

① 见《当代中国电影》，中国社会科学出版社，1989 年，第 35 页。转引自方方：《中国纪录片发展史》，中国戏剧出版社，2003 年，第 242 页。
② 笔者根据中央新影集团"纪录片库"公布的影片目录统计而成，http://www.cndfilm.com。
③ 同上。

续表

年份	数量（部）	本数（本）	涉及内容
1956	7	19	中苏友好、农业建设、航空工业建设、苏共二十大、体育交流、领导人访问、交通建设、港口建设
1957	11	27	苏联歌舞、文化交流、领导人访问、中苏友好、国际会议、农业展览会、妇女会议、共青团团代会、五一游行
1958	6	8	体育比赛、艺术品交流、中苏关系、水利建设、工业建设
1959	9	34	森林工业、中苏关系、文化交流、列宁诞辰纪念、体育比赛、建国十周年、苏联党代会、苏联电影
1960	3	11	中苏友好、国际会议
1961	2	3	国际会议、中苏友好
1962	2	2	中苏关系、体育竞赛、农业机械
1963	2	2	国际会议
1964	2	3	国际会议、中苏关系
1965	0	0	
1966	1	8	国际会议
1967	0	0	
1968	0	0	
1969	3	3	中苏边界冲突

苏联杰出的戏剧大师斯坦尼斯拉夫斯基系统总结了"体验派"戏剧理论，强调现实主义原则，主张演员要沉浸在角色的情感之中，他的一整套戏剧教学和表演体系，被称为"斯坦尼斯拉夫斯基体系"，对各国戏剧学派影响极大。蒙太奇学派出现在20世纪20年代中期的苏联，以爱森斯坦、库里肖夫、普多夫金为代表，他们力求探索新的电影表现手段来反映新时代的革命电影艺术。

而他们的探索主要集中在对蒙太奇的实验与研究上,创立了电影蒙太奇的系统理论,并将理论的探索用于艺术实践,创作了《战舰波将金号》《母亲》《土地》等蒙太奇艺术的典范之作,构成了著名的蒙太奇学派。

苏联的蒙太奇学派在中国不断地被中国文化传统、审美观念和政治意识诠释和演绎,在选择、改造和融合的过程中变换面貌。1949年后,中国电影导演最先接触的就是苏联的蒙太奇电影理论,他们利用大量的时间观摩苏联电影,然后仿照其手法进行电影拍摄。如《钢铁战士》开篇镜头与《攻克柏林》一模一样;《青春之歌》等早期中国电影就运用了蒙太奇的手法展现人物心理的变化。①

在1949年之后,苏联电影被大量地翻译并引进到新中国。此时引进的电影数量庞大,题材广泛。如《列宁在1918》《钢铁是怎样炼成的》《乡村女教师》《母子》等,都是在这一时期引进中国的。"这些电影加上由中苏友好协会领导人经常举办的演讲和座谈会,变成了强有力的工具,它们在想象中苏人民存在共同纽带的过程中提供了巨大帮助。"②电影的内容除反映苏联卫国战争、反法西斯的战争外,还有反映苏联人民生活、革命历程、工农业生产、历史文化以及苏俄文学名著所改编的影片等,其目的在于"这样内容的苏联影片,对于刚刚从反动统治下解放出来的中国人民,是非常重要的教育武器"③。

苏联的电影对新中国拍摄的影片产生了极大的影响。在1949年至1965年期间,中国国先后拍摄了《中华儿女》(1949)、《钢铁战士》(1950)、《赵一曼》(1950)、《关连长》(1951)、《新儿女英雄传》(1951)、《南征北战》(1952)、《智取华山》(1953)、《渡江侦察记》(1954)、《鸡毛信》(1954)、《董存瑞》(1955)、《平原游击队》(1955)、《上甘岭》(1956)、《铁道游击队》(1956)、《柳堡的故事》(1957)、《党的女儿》(1958)、《永不消逝的电波》(1958)、《回民支队》(1959)、《沙漠追匪记》(1959)、《战火中的青春》

---

① 葛新蓉:《浅析苏(俄)电影业发展及其对我国的影响》,《俄罗斯学刊》,2014年第4期,第35页。
② Tina Mai Chen: *Internationalism and Cultural Experience: Soviet Films and Popular Chinese Understandings of the Future in the 1950s*. Cultural Critique, VOl.58 (2004), pp.82-114.
③ 王阑西:《苏联电影在中国》,《人民日报》,1952年11月5日第3版。

（1959）、《战上海》（1959）、《红旗谱》（1960）、《林海雪原》（1960）、《奇袭》（1960）、《风雪大别山》（1961）、《红色娘子军》（1961）、《突破乌江》（1961）、《51号兵站》（1961）《东进序曲》（1962）、《地雷战》（1962）、《红日》（1963）、《金沙江畔》（1963）、《小兵张嘎》（1963）、《野火春风斗古城》（1963）、《兵临城下》（1964）、《独立大队》（1964）、《英雄儿女》（1964）、《打击侵略者》（1965）、《地道战》（1965）、《苦菜花》（1965）、《烈火中永生》（1965）、《三进山城》（1965）等革命战争题材电影。新中国建国以来，"包括主要的电影制片厂和至少80%以上的电影创作者，都汇入战争影片的创作潮流之中，形成中国电影史上规模最为宏大、成就最为突出的一次战争片高峰"[1]。

这一阶段中国电影作品，无论是取材内容还是拍摄手法，乃至宣传目的都深受苏联电影观念的影响。

（二）影像交流

苏联的电影早在20世纪20年代就进入中国。1922年，陕南驻军在南郑县汉台南边驻地放映过苏联纪录片《集体农庄》[2]，这是有记载的最早的苏联所摄纪录片在中国放映的记录。到新中国成立之初，在全盘学习苏联的背景下，中央也提出了学习苏联影视及技术的要求。[3]1949年10月30日，时任中共中央宣传部部长的陆定一在《人民日报》发表了文章《欢迎苏联电影》。在其中指出："我们要的是迅速建设独立、民主、和平、统一、富强的新中国，我们要的是人民大众解放斗争和建设的经验，我们要的是鼓舞劳动热情和加强胜利信心的教育。""世界上只有社会主义的苏联，能够大量供给我们这种优秀的文化食粮。有了苏联的帮助，我国电影事业的革命、新的人民电影事业的建设，可以加快速度。"[4]

在中苏关系"蜜月期"，两国互映对方电影达到创纪录的程度。苏联的电

---

[1] 李道新：《中国电影文化史》，北京出版社，2005年，第241页。
[2] 陈一愚：《中国早期电影观众史（1896—1949）》，中国艺术研究院，2013年，第26页。
[3] 方方：《中国纪录片发展史》，中国戏剧出版社，2003年，第206页。
[4] 陆定一：《欢迎苏联电影》，《人民日报》，1949年10月30日第5版。

影艺术工作者与中国的电影工作者合作摄制的《中国人民的胜利》《解放了的中国》《锦绣河山》等3部影片中,前两部获得了斯大林奖。随着苏联影片在中国的大规模放映,观影的人数也有着突飞猛进的增长。苏联影片在中国的影响,从观众日益增加的数据上可以说明。至1951年5月,仅据39支电影队的不完全统计,电影放映就已达3341场,观众764.469万人。[①] 而到1952年,新中国成立三年来,至1952年上半年止,据不完全的统计,观众的总数共计约有18602.6643万人。并且每年的观众人数都不断增加,据不完全的材料,1949年的观众人数662.9977万人,1950年观众4628.7169万人,1951年观众6495.7825万人,1952年只上半年统计已达6619.1672万人。成为学校学习的重要内容,同时也配合了建国初期的各种思想改造运动,"在部队的指战员中造成了学习运动,产生了《马特洛索夫》式的人物"。部分特别受欢迎的影片已为广大人民所熟悉,并且观众集中,如"《攻克柏林》的观众约一千四百余万人,《斯大林格勒大血战》的观众八百余万人,《勇敢的人》的观众七百三十余万人,《青年近卫军》的观众五百余万人"。[②]

  中苏双方影像工作人员的交流也同样频繁。1952年11月11日,苏联电影艺术工作者代表团团长费道罗夫所带领的苏联电影艺术工作者代表团抵达北京,并受到热烈欢迎。在首都电影院所举办的欢迎大会中,电影局艺术委员会主任蔡楚生致辞说:"中国电影工作者一直是在向苏联电影工作者学习,并得到很多的帮助,今后还要更多地向苏联学习。"[③]1953年1月,文化部邀请5位苏联电影专家帮助制定电影事业第一个五年计划。自此开始,我国电影生产的经营管理和规章制度才逐渐建立起来。1954年6月,以王阑西为团长的中国电影工作者访苏代表团赴苏联访问考察,回国后向中共中央呈报《电影工作者赴苏访问工作报告》[④],提出全面学习苏联电影事业建设经验的计划和措施。

[①] 钱俊瑞:《三年来的中苏友好协会》(1952年10月),转引自新华社新闻稿,1952年11月,第96页。
[②] 王阑西:《苏联电影在中国》,《人民日报》,1952年11月5日第3版。
[③] 新华社:《首都电影工作者集会欢迎苏联电影工作者》,《人民日报》,1952年11月11日第1版。
[④] 转引自范志忠:《百年中国影视的历史影像》,浙江大学出版社,2006年,第340页。

随着两国关系的日益升温，中苏两国文化艺术代表（团）的互访活动也日益频繁。特别是在 1956 年《苏中文化合作协定》签订后，具有世界一流水平的艺术家（团）来往增多。从 1949 年到 1958 年间，有 134 个中国艺术代表团访问苏联，上演了 102 部中国影片；有 112 个苏联团体访问中国，将近有 20 亿人次观看了 747 部苏联电影。[①]

此外，中国还翻译了大量苏联的影像产品及相关著作。1952 年，苏联影片在中国上映的只有二百余部，其中被翻译为华语的也只有一百四十余部。[②] 从 1949 年 10 月到 1953 年年底，中国翻译出版苏联科学技术和文艺方面的书籍就达 5183 种。[③] 其中在 1950 年，国营电影事业计划翻译苏联影片只有 40 部。[④] 但是截至 1957 年，中国翻译了苏联电影的各种论著和资料等约 2400 多万字，出版了 175 种书籍，译制的苏联长艺术片多达 206 部。[⑤]

另一方面，中国的电影同样受到了苏联广大观众的欢迎。苏联放映了不少中国影片，并在 1951 年专门举办了中国电影节。据不完全统计，仅《中华儿女》《无形的战线》《中国人民的胜利》《解放了的中国》等 5 部中国影片在苏联放映时，观众便高达 2000 万人以上。从 1949 年至 1959 年，中国放映的苏联电影多达 750 多部，观众平均每年约达两亿人，而苏联放映中国的电影也有 102 部之多。[⑥] 长期以来，电影被称为"装在铁盒里的大使"[⑦]。中苏两国之间电影与纪录片的频繁交流，加深了两国之间的文化交流和人民之间的相互理解，也为此时中苏同盟的关系奠定了共性的文化基础。

影像犹如外交的使者，不仅使苏联的声音传到了中国，也使中国的形象走

[①] 参见周丽娟：《对外文化交流与新中国外交》，文化艺术出版社，2010 年，第 21 页；刘德喜：《从同盟到伙伴：中俄（苏）关系 50 年》，中共党史出版社，2005 年，第 112—113 页。
[②] 王阑西：《苏联电影在中国》，《人民日报》，1952 年 11 月 5 日第 3 版。
[③] 刘德喜：《从同盟到伙伴：中俄（苏）关系 50 年》，中共党史出版社，2005 年，第 113 页。
[④] 王志胜：《语文与时代——新中国成立初期澳门濠江中学语文教材之分析研究》，载郑振伟编《澳门教育史论文集（第 2 辑）》，中国社会科学出版社，2012 年，第 279 页。
[⑤] 蒲震元等编著：《电影理论：迈向 21 世纪》，北京广播学院出版社，2001 年，第 221 页。
[⑥] 孙其明：《中苏关系始末》，上海人民出版社，2002 年，第 158 页。
[⑦] 周兰：《纪录片影像对历史的传播》，四川大学出版社，2010 年，第 132 页。

向了世界。

三、影像中的中苏关系变迁

中苏间国家关系的变化深刻地影响了两国间的电影文化交流。从舆论导向到创作手法、创作主题都可以清晰地看到影像中中苏关系的变化。

新中国成立之初，中国与苏联同在社会主义阵营，属于结盟关系，无论在经济、政治领域，还是在意识形态方面，中国全面学习苏联。国家电影局不断派团去苏联相关的制片机构、教学单位学习电影艺术及技术，邀请苏联电影艺术家和技术专家来华开班讲座和现场指导，大量引进苏联电影。从1949年到1962年引进的苏联电影达421部，这些影片除了满足中国电影观众的观影需求外，作为一种借鉴，影响到了中国电影创作生产。《普通一兵》《攻克柏林》《丹娘》《列宁的故事》等苏联影片的创作经验，对于《南征北战》《党的女儿》《聂耳》《战火中的青春》《白毛女》等新中国的战争片、人物传记片、反特片的创作都产生了重大影响。新中国成立初期，直接或间接与战争相关的影片数量占到国产影片总额的60%以上。[①] 东北电影制片厂配音复制的《夏伯阳》于1951年在全国上映。

在电影交流上，由于新中国的电影事业刚刚起步，大量地引进、译制苏联的影片便成为供应中国电影市场的有效策略之一。1949年，新中国历史上引进的第一部苏联影片《普通一兵》在东北电影制片厂译制成功，第二年，这个数字就增加到了60部。十七年期间我国引进的857部外国影片中，苏联影片就占到了49%。内容主要还是反映苏联十月革命、卫国战争、工农业生产、人民生活以及社会主义新气象的影片，如《列宁在十月》《列宁在1918》《攻克柏林》《斯大林格勒保卫战》《钢铁是怎样炼成的》《俄罗斯问题》《伟大的友谊》《彼得大帝》等。"文革"前出版的306期《大众电影》中，有近三分之一

---

① 邵奇：《苏联电影对中国战争片叙事的影响》，《当代电影》，2015年第1期，第184页。

是用苏联和其他欧亚社会主义国家的进口片镜头做封面的,其中苏联影片占了绝大多数。在苏联电影的引进和译制过程中,中国电影管理部门给予了高度重视和关注。1952年11月,为庆祝十月革命节,中央人民政府政务院总理周恩来亲自为苏联影片展览题词:"学习苏联电影事业的经验,更好地为人民服务。"大量苏联电影的引进、译制、放映受到中国观众极大的欢迎。《人民日报》曾经对苏联电影在华放映的盛况做过介绍:"……配有华语对白的苏联电影日益受到广大人民的欢迎。据不完全统计,1950年看苏联电影的观众已达到5000万人以上,1951年从1月到6月的半年间,观众的数字已跃增到近4000万人,而且此后与日俱增。"①

苏联不仅不断地选择大量的优秀影片供译制,还从各方面帮助中国电影事业的发展。1949—1954年的五年,苏联先后派电影艺术工作者代表团和电影工程师来到东北电影制片厂,系统地介绍了译制影片的经验。最早译制苏联影片的东北电影制片厂,在1949年译制第一部苏联影片《普通一兵》时,历时八个月才完成;后来经过苏联专家的指导,到1957年,译制成一部质量很好的影片,平均只需要一个月的时间。二十世纪五六十年代,新中国经济建设刚刚起步,最普及、最受人们欢迎的文化娱乐方式就是看苏联电影。影像中的中苏关系是友好的。

影片《庆祝中苏友好互助同盟条约签订》及苏联专家帮助拍摄的纪录片《解放了的中国》记录了中苏结盟。纪录片《周恩来外交风云》中,这样评价当时的苏联:

(画面)中国钢铁工业建设组镜头

(解说词)条约签订后,周恩来说:"它(《中苏友好互助同盟条约》签订)使中国人民感到自己不是孤立的,它有利于中国经济的恢复和发展。"②

---

① 李国顺:《"十七年"期间苏联电影的引进译制及其影响》,《电影评介》,2010年第18期,第8页。
② 《周恩来外交风云》,导演:傅红星,1998年。

在当年《新闻简报》的《中华人民共和国政府代表团到达莫斯科周恩来总理等回到北京》中，这种表述的语言显得更加热切：

（解说词）中华人民共和国代表团这次来到莫斯科，是为了继续加强两国之间的友好合作，并商谈各种有关问题。中苏友好同盟合作万岁！中国人民的挚友、世界劳动人民的伟大导师斯大林同志万岁！①

到50年代中期，这种友谊的宣传更是体现在方方面面。在中国一个关于苏联医生给中国病人输血的例子中，受伤的王宋氏被输入来自苏联医生的血液后，对记者说："苏联人待我比他自己的家人还亲。"②在此时的影像中，对这一点同样也是有所表述的：

（画面）苏军医院中苏联医生抢救病人组镜头
（解说词）陶善英得了严重的胃溃疡穿孔，在她病势严重，需要鲜血的时候，护士莫洛多娃就慷慨地把自己的鲜血输给了陶善英。先进的医术、宝贵的鲜血，挽救了她的生命。③

关注家庭是故事的另一个重要主题。一个曾与苏联家庭生活的中国人阎守明成了当时影像所记录的典型形象：

（画面）阎守明与苏联家庭共同生活
（解说词）阎守明在马洛敦太娃的身边生活了八年，马洛敦太娃像爱护劳拉一样爱护着他，为他的病痛担心害怕过，为他的学习操心过，为他的成长高

---

① 《中华人民共和国政府代表团到达莫斯科周恩来总理等回到北京》（1952年第26号），编导：钟敬文。中央新闻纪录电影制片厂影视资料部编：《新闻简报中国外交1949—1959》，上海科学技术文献出版社，2009年，第42页。
② 《输血抢救王宋氏》，《实话报》，1949年4月17日。转引自大连市史志办公室编：《大连实话报史料集》，大连出版社，2003年，第405页。
③ 《永远怀念苏军》，编导：唱鹤翎、陆继堃，摄影：高振宗、张永、徐彬，1955年。

兴过。①

在整个50年代，中苏两国间的经济和文化关系发展到顶点。当时反映两国关系的影像，也都用充满着遐想与热情的话语，赞颂着中苏两国人民"伟大的友谊""兄弟般的情谊"。例如在1957年毛泽东访苏参加十月革命节的纪录片《祝贺》中，就有如下的话语：

（画面）毛泽东及中方代表团成员与苏共方面会面的场景
（解说词）苏联社会主义建设的辉煌成就，鼓舞了各国人民建设社会主义的信心。中国人民深切地感谢苏联政府和苏联人民，在各方面对我们的支持和援助。
（画面）中苏两国人民在北京和莫斯科进行游行、庆典及放烟花
（解说词）马克思列宁主义万岁，社会主义阵营的团结万岁，世界和平万岁，中苏友谊万岁。②

此时，这种影像宣传的内容不仅仅停留在政治上，也贯彻在社会生活各个方面。例如《新闻简报》中所记录的中苏体育交流，1950年7月22日，刚刚选拔出参加世界学生运动会的中国排球代表队与苏联侨民排球队进行比赛：

（解说词）这场友谊的战斗，对于即将出国的中国排球代表队在技术上得到了不少的帮助。③

---

① 《永远怀念苏军》，编导：唱鹤翎、陆继堃，摄影：高振宗、张永、徐彬，1955年。
② 《祝贺》，编导：苏河清，摄影：张沼滨，1957年。
③ 中央新闻纪录电影制片厂影视资料部编：《新闻简报中国外交1949—1959》，上海科学技术文献出版社，2009年，第2页。

同样，在 1950 年 12 月 28 日下午，苏联体育代表团与首都京联篮球队的友谊比赛宣传中也有类似的话语：

（解说词）在这次比赛中，中苏两国人民交流了体育经验，它将进一步地巩固中苏两国体育界的友谊。①

北京师范大学中文系三年级女同学们组成以苏联女英雄古丽雅命名的锻炼队，"这些热情的同学以学习古丽雅的锻炼精神来培养她们自己的意志和性格"②。在此后的纪录片《中苏外交档案解密》中，对这一时期有如下的概括：

（画面）50 年代社会生活的镜头

（解说词）中国人民对"老大哥"怀着一种敬重的情感。经历过那个年代的人，一定还记忆犹新。那时，最热门的苏联电影是《乡村女教师》和《雁南飞》，每个人都相信，苏联的今天就是我们的明天。③

苏联战争片所体现的意识形态、呈现的叙事情景以及叙事视角都与新中国对战争片的诉求相似，自然成为中国战争片的学习"范本"。《董存瑞》《渡江侦察记》《平原游击队》《小兵张嘎》《上甘岭》等一批深受国家称赞、百姓称好的影片，借鉴了苏联战争片的叙事方法。据史料记载，崔嵬导演在拍摄《小兵张嘎》前就仔细研究过塔可夫斯基的电影《伊万的童年》，借鉴了长镜头叙事方法。④ 在苏联电影的影响下，中国放映的外国影片都对口型配音，适应了中国农村人口众多的需要，而其他国家还多是打字幕。

1949 年至 1959 年这 10 年间，苏联电影在创作、理论和体制等方面对中

---

① 中央新闻纪录电影制片厂影视资料部编：《新闻简报中国外交 1949—1959》，上海科学技术文献出版社，2009 年，第 10 页。
② 同上，第 39 页。
③ 《亲密同志》（下），《中苏外交档案解密》第 8 集，编导：谢小红、周婧、夏菁、金莹、陈璐，2011 年。
④ 邵奇：《苏联电影对中国战争片叙事的影响》，《当代电影》，2015 年第 1 期，第 184 页。

国电影产生了全方位的重要影响。据统计，到 1957 年，苏联电影在中国经过华语配音（其中有少数加配字幕）的长短影片共有 468 部，观众达 14.97 亿人次。苏联电影出版物在中国共翻译出版了 175 种。从 1953 年到 1957 年，苏联共派遣来中国的电影专家有 28 人，包括电影创作、管理和工程技术方面的一些权威专家。他们直接参加并具体指导电影生产，帮助举办专修班、训练班、讲习会，有的还亲自授徒，前后共培养了几百名中国电影的各方面人才。① 与此同时，也有许多中国电影工作者赴苏联学习。

这一时期，中国电影也被译制到苏联。苏联人称赞中国的电影，他们说"中国电影是把中国人民利益放在第一位的，为人民利益服务的"，看了《中华儿女》《钢铁战士》《白毛女》，苏联人认为中国的电影思想性很高。② 在举行中国电影节时，苏联组织了十个加盟共和国的首都及各大城市同时上映。1954 年 3 月在莫斯科举行了中国纪录片展览会，演了许多部纪录片。同时，苏联电影人也指出了中国电影创作存在的问题。如思想内容及艺术表现形式有距离，苏联《文学报》评论中国电影在一部电影中讲许多事情，想教育观众，但技术方面又不太成熟，画面重复单调。

"解冻"时期的苏联电影就成了引发政治领袖们争论的焦点。1956 年中国采购影片《第四十一》，并将这些问题带到了电影交流的斗争前沿。该片讲述的是一位布尔什维克女战士和她押送的俘虏——一位英俊的白俄军官之间发生的故事。他们在一个荒岛上滞留后，双双坠入爱河。影片的故事情节讲述的是发生在这对情人之间的一场政治争吵，结果是女主人公所信仰的共产主义最终占了上风。1957 年，中国代表团赴苏商谈两国文化合作事务，在苏联文化部部长同中方团长的谈话中，双方对影片《第四十一》发生了争执。③

从 20 世纪 50 年代末到 60 年代初，中国电影人提出批评甚至拒之门外的

---

① 洪宏：《论"十七年"中苏电影关系——"日丹诺夫主义"与"解冻"电影思潮对中国电影的影响》，《电影艺术》，2006 年第 3 期，第 36 页。
② 贾俊学：《戈宝权报告：中国文学艺术在苏联》，《新文学史料》，2014 年第 2 期，第 136 页。
③ 陈庭梅、韩长青、朱倩译：《苏联电影的引进及其对塑造毛泽东时代中国的意义（1949—1976）》，《冷战国际史研究》，2010 年第 2 期，第 134 页。

还有影片《雁南飞》和《士兵之歌》。像其他"解冻"时期的影片一样,这两部影片也对战争英雄主义重新加以定义,并引入了个人情感的因素。

从苏联电影进入中国伊始,列宁因其在国际共产主义运动中的独特地位,占据了中苏影像交流很大画幅。1960年,上海市中苏友好协会秘书长白彦认为,在庆祝十月革命43周年之际放映的影片中,最受观众欢迎的10部苏联电影都是关于列宁的影片。到20世纪60年代后期以及"文化大革命"期间,列宁电影成为唯一经受考验而幸存下来的影片。到1965年时,苏联电影还在北京上映了6000多场次,然而到了1966年,苏联电影放映场次就锐减到300场次。使人为之侧目的是,到这个时候在北京仅能看到6部苏联影片,分别是《列宁在十月》《列宁在1918》和其他未点出名字的"老电影"。

20世纪50年代中期后,中苏双方开始出现分歧,苏联人心目中的中国形象也在渐变。1958年7月,苏联从自己的战略需要出发,提出在中国建立长波电台和联合舰队的要求,损害了中国的主权,引起了中国领导人的强烈不满,中苏两国在对外战略上不信任。进入1959年,中苏两国的这种不信任进一步发展。1959年6月,为实现同美国的缓和战略,苏联单方面撕毁了与中国的国防新技术协议;9月,苏联政府发表了关于中印边境事件的看似中立实则偏向印度的声明。这两个事件都是赫鲁晓夫"为了讨好美帝国主义,创造所谓'戴维营精神',送给艾森豪威尔的见面礼"[①]。它极大地损害了中苏间的关系。而这些,从当时的影像中却是难以看出的。此时的宣传仍是以《欢庆中苏同盟十周年》(1960)[②]《伟大的友谊》(1960)[③]《兄弟的友谊》[④]等中苏友好主题为主要内容。但在数十年后纪录片中才对这段影像有了深入的解释:

(画面)相关机密文件影印版

(解说词)1959年6月,赫鲁晓夫以正和英美两国谈判禁止核试验为借口,

---

① 《关于国际共产主义运动总路线的论战》,人民出版社,1965年,第83页。
② 《欢庆中苏同盟十周年》,编导:李坤,摄影:韩浩然,1960年。
③ 《伟大的友谊》,编导:王永宏,摄影:王德成,1960年。
④ 《兄弟的友谊》,编导:李坤,摄影:陈锦倜,1961年。

决定暂时停止执行1957年的《国防新技术协定》，这对于刚刚起步的中国核工业来说，无异于釜底抽薪。①

（画面）中苏边界冲突镜头

（解说词）为了进一步对中国施压，苏联军队在中苏边境地区枪杀中国边民，劫持牛羊，甚至利用中国暂时的经济困难，在新疆地区制造民族纠纷，煽动大量边民外逃。②

20世纪60年代初，中苏论战愈演愈烈，两国关系急剧恶化，文化交往逐渐断绝，电影方面的来往也趋于停滞。为了解苏联影片生产情况及政治需要，中方通过各种途径，如通过朝鲜和罗马尼亚等国，购进了苏联影片，如《第四十一》《雁南飞》等用于研究批判。对《第四十一》研究的结论是"阶级调和"的作品、"丧失无产阶级立场"，《雁南飞》是"战争恐怖论""抹杀正义非正义战争的界限"。苏联许多著名导演、演员则对中方批判他们的影片很愤慨。③

与此同时，中苏关系破裂以后，苏联安排40多个汉学家翻译中国报刊以了解中国国内形势。④苏联汉学家翻译了中国批评苏联电影的文章，这使两国文化界的关系急剧恶化，两国电影交流跌入了冰点。

到了20世纪60年代后期，中苏之间的领土纠纷越发严重。出于国家主权和利益的冲突，同时也为揭露其悍然对我国领土主权进行侵略的真相，影像便成为中国政府进行宣传的重要形式。如珍宝岛自卫反击战发生后不久，中央新闻纪录电影制片厂就连续摄制完成了反映苏联当局在珍宝岛边境地区进行反华挑衅、我边防军民予以坚决打击的纪录影片《新沙皇的反华暴行》⑤和《珍宝岛不容侵犯》⑥两部影片。在其中，仅仅十年前的友好话语已荡然无存，取而

---

① 《蘑菇云下》，《中苏外交档案解密》第13集，编导：谢小红、周婧、夏菁、金莹、陈璐，2011年。
② 《兵戎相见》，《中苏外交档案解密》第14集。
③④ 梁沈修：《苏联电影在中国的跌宕命运》，《上海党史与党建》，2007年第10期，第31页。
⑤ 《新沙皇的反华暴行——苏修在乌苏里江、黑龙江上的挑衅》，编导：郝玉生、应小英，摄影：封永迎、张家渊、任福棠、陈凯初、温炳林、李连祥、吴余华、李学明等，1969年。
⑥ 《珍宝岛不容侵犯》，编导：郝玉生、王程帆，摄影：封永迎、苏德福、吴金华、刘锡喜、王锡朝等，1969年。

代之的是一种攻讦和敌视的态度。

（解说词）沙皇制度……亚洲各国（波斯、中国）进行殖民侵略，来满足自己的强盗利益。如果苏联方面顽固坚持这种立场，死不悔改，中国方面将不得不重新考虑自己对整个中苏边界问题的主张。①

在这两部影片播映后，引起了巨大的反响，《人民日报》又及时组织专版开展影评的讨论。《新沙皇的反华暴行》播映后，《人民日报》连续多日利用整版刊发了各地的影评文章，如署名北京第一机床厂工人宋祖华、张云峰、谢吉瑞的《更无豪杰怕熊罴》②、署名北京新华印刷厂工人评论组的《中国人民是不好惹的》③、署名通信兵某部红波的《利斧砍断水龙头》④、署名珍宝岛地区边防部队副指导员徐连文的《他们一定要打，我们奉陪到底　打倒新沙皇！》⑤等。《珍宝岛不容侵犯》播映后也是如此，8月20日、21日、23日、27日，《人民日报》连续刊发了《用思想革命化打败"机械化"》⑥《打得好！》⑦《务歼入侵之敌》⑧《独有英雄驱虎豹，更无豪杰怕熊罴》⑨等影评文章。至此，新中国苏联"老大哥"形象已完全颠覆。

耐人寻味的是，即使在中苏两党、两国的蜜月关系破裂以后，经典的苏联电影从来没有停止过在中国的放映。比如在1966—1976年"文化大革命"时期，中国人基本上看不到别的外国电影，但是《列宁在十月》和《列宁在1918》可以照放不误。

---

① 《新沙皇的反华暴行——苏修在乌苏里江、黑龙江上的挑衅》。
② 宋祖华、张云峰、谢吉瑞：《更无豪杰怕熊罴》，《人民日报》，1969年4月20日第4版。
③ 北京新华印刷厂工人评论组：《中国人民是不好惹的》，《人民日报》，1969年4月22日第4版。
④ 红波：《利斧砍断水龙头》，《人民日报》，1969年4月22日第4版。
⑤ 徐连文：《他们一定要打，我们奉陪到底　打倒新沙皇！》，《人民日报》，1969年5月15日第4版。
⑥ 洪壮志：《用思想革命化打败"机械化"》，《人民日报》，1969年8月20日第3版。
⑦ 谷辛：《打得好！》，《人民日报》，1969年8月21日第4版。
⑧ 北京有线电厂工人评论组：《务歼入侵之敌》，《人民日报》，1969年8月23日第6版。
⑨ 中央新闻纪录电影制片厂、中国人民解放军八一电影制片厂联合摄影组：《独有英雄驱虎豹，更无豪杰怕熊罴》，《人民日报》，1969年8月27日第4版。

中苏之间从 20 世纪 50 年代初的"兄弟加同志",到 60 年代党际关系和国家关系的破裂,最后在珍宝岛兵戎相见,历史影像记录了中苏关系变迁。

四、历史影像的理性

早在 20 世纪 20 年代就开始的中苏影像交流,经历了新中国成立后中苏同盟的确立,这成为双方影像交流的基础。此后,随着中苏关系的亲密无间,影像交流从繁荣到关系破裂反目为仇,影像一直作为"亲历者"参与其中,将其发展的过程记录了下来。出于构建国家意识形态和宣传的需要,产生于"形象化政论"的中苏历史影像,成了一种中国纪录片的修辞形式和言语形式。其中,许多新闻事件和人物经过了被图像化、偶像化的过程,成为典型化的历史形象,成为特定环境中典型形象并逐步形成国家意识形态的视觉文化。

历史影像作为史料的剪辑的规则和作为艺术影片的剪辑规则显著不同。历史影像研究的价值在于其包含的丰富的科学性和人本性,这是历史影像的理性所在。

第十二章

影像史学视野下的地缘政治

——以纪录片《不为人知的阿富汗佛像》*为例

﹡ 浙江音像出版社，2013 年。

一、记录影像下的地缘关系

纪录片《不为人知的阿富汗佛像》画外解说词

这是个只有少数旅行者敢走的地方,是一个近二十年来一直被血腥冲突锁定的地方。但在没有冲突的时候,这里却是一个非常美丽的地方,这里是世界上最古老信仰的发源地。对我来说这是一个特别的旅程,是对藏在伊斯兰岛深处山谷的探索,我正在寻找一个古老信仰崩溃的历史过程——已消失的阿富汗佛教。

解说:这是一张你从未见过的阿富汗照片,一个有着独特文明风景和人民的古老领地的照片。我是大卫·亚当斯,一个特别擅长于地球边缘之旅的摄影记者,这也是我为什么会在这里的原因之一。

……这是一个从战乱中分离出来的国家。但是我知道在炸弹和抵抗后面藏着宝藏,一个古老的信仰,把它的信条带到了这个世界上,我发誓有一天我会搜出巴米扬以及它的已消失的佛像。

……

但是现在,阿富汗这部分地区已经相对和平。不久我就看到了阿富汗的首都喀布尔。不需要走太远,你就可以看到战争的迹象,到处都是碎石,我们小心谨慎地拍摄。阿富汗禁止拍照,因为这个国家正在遭受贸易制裁,在这里西方人不受欢迎。

……

采访阿富汗人:

"和平是一件非常重要的事情,不是一件普通的事情,你看所有的事情都来自和平。如果你生活在和平的世界里,你可以上学,可以工作,意味着你不用流离失所，四处流亡。"

……当我最初到达阿富汗的巴米扬山谷时，这里正是秋天，这里的美丽让我大吃一惊，这里只有少数几个阿富汗人见过。

……

我对不为人知的阿富汗佛像的第一瞥，他们好大啊，在180英尺高的地方，有一个57米的雕刻佛像。我想走得更近些，为此，我又要得到许可才行。于是我来到巴米扬大本营找塔利班。这个中世纪的堡垒既是废墟，也是战略前哨。这个塔利班告诉我，这个地方叫作城市之声，现在这里死一般的寂静，它的名字来自格亥吉斯可汗在这里进行大屠杀产生的惨叫声，大概在800多年前的一次大屠杀持续了几天的时间。

……所以巴米扬佛像不仅是最大的，而且也是世界上最古老的。对我来讲，远在天边，近在眼前。……这个塔利班的指挥官为了报答我们，他答应给我们看那尊大佛像。他想我给他拍照。所以再一次，在一个禁止拍人物照的国家，我可以拍照。

二、地理环境中的历史和现实因素

（一）古代丝绸之路的节点

阿富汗处于古代丝绸之路上不同文明的交流中转站，因此各种古代文明在此融汇、传播；也因此这里蕴含了非常复杂的地缘战略、经济利益、宗教情感，也是战争冲突的集中地。历史和现实的复杂冲突产生了丰富的历史影像。透过历史影像可以看到贯穿古今的地缘政治关系变迁。

（二）各种力量的交汇点

18世纪末以来，世界各大国对阿富汗的争夺以及阿富汗民族在夹缝中奋力抗争以求独立的不懈努力，构成了国际关系史中阿富汗问题的丰富内容。先有英法的对抗，继而是英俄及英苏的争夺，最后是美苏的抗衡及其各自发动的阿富汗战争。究其根源，有地缘政治因素，有地缘经济因素，有部族、教派因素，有文化因素，同时也与阿富汗自身脆弱的中立外交有关。

尤其是塔利班政权时期，阿富汗地区更是矛盾不断、冲突不断。甚至塔利班成为极端主义、武装暴力和群众参与的代名词。

（三）特定历史影像的产生

1. 塔利班

塔利班在普什图语和波斯语意为"伊斯兰教的学生"，或译塔勒班，发源于阿富汗坎大哈地区，属逊尼派。该组织最有影响力的领导人，包括毛拉·穆罕默德·奥马尔，都曾是乡村里的伊斯兰教学者。该组织于1994年兴起，从1996年至2001年年底被推翻前，曾统治阿富汗大部分地区。

2. 历史文化内涵的变化

巴米扬大佛：坐落于阿富汗巴米扬省的巴米扬谷，是两尊最具珍贵意义的立佛像，在巴米扬谷的一处山崖凿成，最有可能约于5至6世纪时雕刻而成，是希腊式佛教艺术的经典作品，为世上最大的雕刻立佛像。它们是多年来的文化地标，当地被列为联合国教科文组织的世界文化遗产之一。

解说： 我们的目的地曾经是亚洲最大的学习中心，这里也是最大的间谍活动完蛋的地方。

阿富汗城市哈雷特在喀布尔以西400英里，这里是几千年的战场，历史上，它是中世纪亚洲最大的文化和学习中心，这个城市坐落在亚洲西部，边境与伊拉克接壤。

第二天，许可证到了，我们可以拍摄一些古老的大学，尽管这些东西已经所剩无几了，他们已经被18世纪的英国士兵在很大程度上破坏了，但这个尖塔不可思议地幸存下来了。即使是俄国的炮弹，也没有使其倒下。

……

塔利班执政以后，从1997年就开始计划摧毁有1500年历史的巴米扬大佛像，声称阿富汗境内不允许有任何偶像崇拜。终于在2001年，塔利班不顾联合国和世界各国的强烈反对和巨大压力，动用大炮、炸药以及火箭筒等各种战争武器，摧毁了巴米扬包括塞尔萨尔和沙玛玛在内的所有佛像。

巴米扬佛像群如今一片凄凉。在山崖下看到的只是佛像形状的石窟和佛像的残骸，石窟外到处是碎石和黄土块。塞尔萨尔只剩下一个佛像的形状，佛像巨大的胳膊留下的凹痕清晰可见。佛像不见了，但仰头而望，仍不难想象当年的壮观景象。石窟下，几张巨大的灰色塑料布覆盖着塞尔萨尔的残骸，上面写着"联合国教科文组织保护"的字样。本片采取记者采访的形式，通过几台摄像机同时拍摄（一台拍全景、一台记者手持、一台跟拍、一台拍人物特写等），可以从不同景别、不同人的视角展现塔利班内不为人知的真相和在塔利班统治下的人们的生活，从而将最终的观点和看法归还于观众自身，使观众有自主选择和想象的权利。这是纪录片从最初"格里尔逊模式"模式（导演主导性模式）中的突破，受后现代主义影响，将主动权更多地交给观众。

同时，本片大量采用跟踪式拍摄，营造在场真实感和紧张气氛，在风格和节奏上符合本片的主题和感受。塔利班残酷的统治和活动，信息对外封锁使外界对其比较陌生，跟踪式的紧张氛围正暗合了观众看此片时的心情，更能够调动受众的兴奋点。

3. 历史影像的随机性

本片中大量展示了采访遇到的困境和阻力——文化的差异、塔利班政权的限制和监督、当地人的敌视等，同时也展示了记者的智慧，最终完成采访任务。

三、历史影像以热点的形式呈现

（一）现实与历史

影像中的现实热点正是历史与现实在同一时刻的相遇，这也是影像史学不同于传统史学研究的特殊之处，它总能够跨越时间和空间的限制，穿梭于历史与现实之间，以一种"大历史观"、整体史观，由下而上观察历史。同时，它又长于叙事，与写满各种数据和公式的分析史学、计量史学、比较史学等不同，这是21世纪史学的新的转向——语言学转向的标志。

（二）事件与历史

解说：……这里仍然是全城观看最佳的地方。五年前，站在这里，可以看到战争的整个画面，在远处有坦克，全城全部都是从外面进来的炮火，到处都是乱飞的石头，很难有少许安静，我完全不能想象五年后的景象……令人感到吃惊的是，喀布尔动物园还在那里，更加吃惊的是，许多动物在交叉火力中，竟然出人意料的安全。

……

阿富汗中央是亚洲最大的、最阴冷的荒野之一，任何事物都受到急剧冷却的事实影响。他们不是奋战20年，而是2000年，阿富汗一直处在一个外敌入侵、军阀混战和武装暴力的气氛中。这里有漂亮的城堡，你看，这些城堡在山谷里面高低起伏。问题是，当你在阿富汗旅行时，如果你想去探究其中一个堡垒，你必须相当小心，这里都是雷区。

阿富汗的暴力历史出现在我们面前，时间是3000年以前，这里是大夏，这里被称为所有人类的母亲，可是也可以把这里称作所有公墓的母亲。

拥有叙事性特征的影像史学正是通过历史的事件化、事件的故事化、故事的人物化、人物的细节化、细节的画面化，而重构和再现丰富多彩的历史真相的。因对于影像史学，事件是历史更为重要的节点和着力点，正是通过一件件事件将纷繁复杂的历史梳理为人们可以真实感受和再现认识的画面。

（三）战争与和平

解说：实际上，大夏（国）是建立在尸骨上的，它的周围全是经过漂白的崩溃的城墙，仍然保留着人类的居住习惯，每次被洗劫过后，剩下的只是简单的重建。如果说阿富汗的历史总结出了什么东西，那就是大夏。大夏（国）的历史超过三千年，不可思议的是前后被洗劫了近七百次。毫无疑问，阿富汗人正在为和平而哭泣。

现实热点中总是伴随着战争与和平的双重属性，同时历史中的战争与和平又延续到今天。影像中的战争与和平表现方式不同，给人的冲击力也不同，如《耶路撒冷——天堂之城》中表现历史上的战争与和平是通过纸质文献和绘画作品等文献材料、考古发现间接展现,而现实中的战争与和平场面来源就更为直接和丰富,表现手法也更多样和灵活。同时,历史上的战争与和平同现今的战争与和平又有何关联,如何通过影像表达更值得探索。

(四)影像的视角和线索

《不为人知的阿富汗佛像》中通过一位记者与多台摄影机的多视角观察神秘的塔利班内部真相,更符合这类题材的拍摄。因此,什么样的主题就大致决定了什么样的影像拍摄方式和叙事角度。同时,角度的创新也是拍摄出与众不同的作品的前提条件。

而每部作品都应该有一个或多个清晰的线索,有时或许是明确的某个事物或人物,有时或许仅仅是一种暗藏的情感等无形物,但总会有一个灵魂吸引着观众将影片进行到底。

(五)采纳和放弃

即使是最客观的史学作品也掺杂了作者的主观思考和认识,汤因比在其经典著作《历史研究》一书中指出:"所有的历史,不能完全没有虚构的成分。光是把史实加以选择、安排和表现,就已经是在虚构范围所采用的一种方法。"同样,任何一部影像作品都避免不了导演的主观选择和放弃,这其中包括对主题的选择和放弃、材料的选择和放弃、观点的选择和放弃、拍摄角度的选择和放弃、剪辑方式的选择和放弃等,可以说正是在不断地选择和放弃中完成作品的。准确判断采纳和放弃的节点和方式,是历史影像采集中不可或缺的技能,最终将决定影像记录和传播历史信息的效果。

影像的位置关系可以准确界定地缘关系的变迁。有人说"摄影机不会撒谎",意思是影像中有历史真实。事实上,历经数千年的变迁,古老的大夏国在今天的阿富汗仍然留有地缘变迁的影像。影像中包含复杂历史地理因素,这些因素以现实地缘政治关系的形式在现实的地缘关系中呈现出来。

附 录

影像史学实践

实践作品1:《半个世纪一座城》[①]

从梦想到辉煌,需要心智,需要汗水,更需要凝聚和顽强。

——本片题记

航拍阳泉城市画面上推出
电视文献纪录片《半个世纪一座城》片名

(画外解说)

第一集

这是黄土地上普普通通的一天。旭日东升,层林尽染。雄关巍巍,桃河潺潺。

古老的太行荡漾着金色的回忆。

(航拍太行,群山起伏)

时间上溯五十年。

如今阳泉市下站小学所在地,五十年前是一座老君庙。在解放战争的隆隆炮声中,阳泉市在这里宣告成立了。这一天是一九四七年五月四日。

(航拍定格山西阳泉市下站小学 叠化)

刚刚解放的阳泉由于多年遭受日本侵略军和军阀阎锡山的蹂躏,生产萎缩,交通不畅,经济萧条,民不聊生。

(采访阳泉第一任市长任朴斋:阳泉建市之初的惨况;采访刘松青:在平定接待董必武)

[①] 本稿是为纪念山西阳泉市撰写的电视纪录片解说词,本书作者是该片摄像、编辑。

煤铁历来是支撑阳泉经济的支柱。今天阳泉钢铁公司的前身是保晋公司,这是全国解放最早的铁厂之一。阳泉一解放,董必武等中央领导就直接指示,尽快恢复阳泉铁厂生产,支援解放战争前线。

(采访见证人老工人郜芝田:阳钢恢复生产,解放军用喇叭宣传)

1948年春天,刚从敌人手里解放出来的阳泉乍暖还寒。为支援解放战争,阳泉铁厂奉命将2号高炉迁往晋东南故县,扶持解放区冶金工业的发展。正是在这座高炉的基础上,解放后形成了晋东南地区最大的钢铁厂——长治钢铁厂。

1948年2月,阳泉铁厂一号高炉流出了解放后的第一炉铁水,当年产铁7228吨,这些生铁全部用于制造武器弹药。

(采访郜芝田:分工义务热情高涨;王富林:炮弹生产两种规格)

1948年1月,在阳泉市人民政府的领导下,国营阳泉煤矿公司正式成立。不久,这个公司筹集小米200大担,恢复了先生沟的煤矿生产,并将该矿改名为国营四矿。阳泉煤铁生产的恢复对支援全国解放战争做出了突出的贡献。

1949年年初,经过辽沈、淮海、平津三大战役后,国民党军队的主力已基本被消灭。不久,毛泽东在中共七届二中全会的报告中指示:今后,解放国民党残余的100万军队的方式,不外乎天津、北平和绥远三种方式。绥远方式,就是在人民解放军绥远军区领导下,将国民党绥远军队政权改编、接管。根据这个决定,1949年8月的一天,阳泉市130余名青年干部奉命离开阳泉。这个数字几乎占到全市干部的一半。7天后,他们到达绥远省的首府归绥市,也就是现在的呼和浩特。他们当中最大的也不过30多岁,最小的只有15岁。

(采访任朴斋:阳泉解放两年了,有管理城市经验)

半个世纪后的金秋。伴随着共和国五十周年庆典的动人旋律,我们沿着出塞的征程,带着阳泉人民五十年的奋斗与辉煌,带着阳泉人民对自己优秀儿女的关爱见到了这些与新中国同行的阳泉人。

(病榻前北上绥远干部屈风:阳泉啊阳泉)

五十年了。

从黄土地到大草原,从朝气勃发到满头银发,他们走过了新中国的每一步坎坷与辉煌。岁月的流逝改变了他们的容颜,却丝毫没有改变他们对故土阳泉深情的眷恋。

阳泉，把自己养育的最优秀儿女在祖国最需要的时候送到了祖国最需要的地方。

1949年10月1日，毛泽东主席庄严宣告中华人民共和国成立。今天的人们也许无法想象：阳泉是在解放战争的炮火中成立的共和国最年轻的城市。阳泉和新中国一样，是一张真正的白纸。

（采访任朴斋：骑马进阳泉）

在中共阳泉市委的领导下，市政府认识到阳泉煤、铁、硫磺资源丰富，开采、冶炼又有一定基础的有利条件，决定着手恢复阳泉的工业经济。

（任家峪、甘河村民谈：生产弹壳）

当时，阳泉铁厂的主要任务是组织生产地雷、手榴弹支援解放战争前线。那时，国民党的飞机经常来阳泉轰炸和扫射。高炉不能生产，化铁炉也不能开炉，生产条件十分艰苦，整个生产过程几乎都是体力劳动。1950年1月，华北煤矿管理总局指令成立阳泉矿务局。矿务局下辖两矿一厂，即四矿、裕公矿和修理厂。恢复时期的阳泉煤矿在生产组织上实行大组长为首的包件工务制度。而大组长实际上就是封建把头。

（四矿老工人谈：冬天没有裤子穿）

四矿的大组长中，新中国成立前的把头占到90%，大组长剥夺工人的民主权利，压抑了工人的积极性，影响了生产任务的完成。1949年至1950年，生产计划连续落空，生产效率十分低下。事实表明，煤矿封建把头制到了非废除不可的地步。

（江风谈：当时为什么要废除"把头制"）

1950年3月21日，《人民日报》发表了记者林里的调查报告：《阳泉国营煤矿存在严重问题，封建把头制剥削工人》。以此为起点，中央燃料工业部发布通令，一场废除煤矿中残余的封建把头制运动迅速由阳泉推及全国。

不久，中央山西省委及阳泉工矿区党委组成废除封建把头制工作委员会，并从多方抽调大批干部齐集四矿开展了轰轰烈烈的"反把头"运动。

"反把头"运动把煤矿工人从封建把头制度下彻底解放出来，工人翻身成为矿山的主人。煤矿工人工作热情不断高涨,生产恢复日益加速,到1950年年底,全市200多座煤矿全部恢复生产。1951年,矿务局原煤产量由解放初期不足6万吨到首次突破了100万吨大关。

"河下的煤、荫营的炭、杨家庄的锄板、白泉的钎、牵牛镇出的是粗瓷碗",阳泉的手工业生产有着悠久的历史。采煤、制铁、炼磺等在明代已闻名于世,阳泉一带很早便有"煤铁之乡"的称誉。再加上阳泉的资源丰富,所以很久以来,阳泉的砂货、陶瓷已形成具有地方特色的传统手工业。

(任家峪、三泉等村民谈:唐朝就开始传统手工业,而现在都不干了)

当时,郊区任家峪、河底、章召等地组织生产了大批铁锅、铁壶、铁钎、铁锄和砂货饭碗、茶具。这些生活用品源源不断地运往华北各地,换回工人们急需的粮食、布匹、食盐、食油等。

(王文如谈:手工业生产的恢复)

那时,人们时常可以看到来自河北平山、井陉及盂县、寿阳等地的小商小贩赶着大车装载的粮食和土特产到阳泉换回他们需要的煤炭、铁货、砂货。阳泉一时成为沟通晋察冀和晋冀鲁豫两大解放区的物资交流重镇。军火、手工业成为阳泉的两大产业,市场流通呈现出一片繁荣景象。这对解放之初阳泉恢复和发展生产起到重要作用。

新中国成立后,随着工商业社会主义改造的完成,阳泉地方手工业在全国范围内得到发展。1952年后,阳泉生产的熟铁货、砂锅、民用陶瓷等三大门类产品畅销全国各地,阳泉一度与杭州、潍坊并称为"全国三大手工业城市"。1950年,苏联科学院副院长巴尔金还专门视察了三泉村。

1950年6月,美国发动了侵朝战争。10月,伴随着中国人民志愿军赴朝参战的脚步,全市掀起了抗美援朝、保家卫国的大规模宣传活动。

在这个名叫维社的村子里,人们至今传颂着"爱国日"的故事。

(刘松青谈:"爱国日"的由来)

人们争先恐后,增产节约,以翻身做主人的热情和干劲支援前线。在这场轰轰烈烈的运动中,平定维社村党支部制定了爱国公约,创立"抗美援朝爱国日"。不久,维社村的群众爱国运动在全国引起了极大的震动。《人民日报》连连发表文章评论,推行平定"爱国日"的经验。

"维社爱国日"就是每逢初一、十五,全村群众在党支部领导下集体过一次"抗美援朝爱国日",比进步、比贡献,以此检验爱国公约的执行情况。

(劳模谈:"爱国日")

"维社爱国日"生动活泼的教育形式和丰富多彩的内容,引起了中共山西省委和中央宣传部的重视。《山西日报》《人民日报》分别发表社论或评论,号召全国各地学习和推广"维社爱国日"经验。1958年,在全国农业社会主义建设先进单位表彰会上,周恩来总理亲自为维社村签发了奖状。

(刘松青谈:接待代表团)

采访中问起维社村的来历,村民们说:"就是维护社会主义的意思吧。"童年时代的阳泉渗透了新中国最具内涵的血脉。

正是基于这种对社会主义坚定不移的信念。伴随着新中国第一个"五年计划"的实施,阳泉很快建立了以计划体制为根本依托的经济框架。"有了黑白黄,不愁钱和粮",在优先发展工业的指导思想下,阳泉依据本地资源优势,确立了以煤、铁、硫磺三种矿产品为主的工业发展方向。

50年后,下面的这组数字足以说明社会主义新中国给阳泉这个资源城市带来的无比优越。

(字幕:叠化)

从1953年到1956年,国家支持全市全民单位的基本建设投资达9424万元,其中投向工业部门的资金达8592万元,占基本建设投资总额的91%以上。

依靠国家投资,阳泉集中建设、扩建了一批大中型骨干企业。阳泉矿务局、荫营煤矿、南庄煤矿、阳泉铁厂、阳泉发电厂等国营工业企业经过改建和扩建,生产能力成倍增长。日后,正是这些工业为使阳泉成为能源重化工基地定下了发展的基调。

(郭力谈:阳泉工业结构的形式)

1958年的10月,丝毫没有秋天的凉意。大炼钢铁的号召喊得全国机关、城镇热浪翻滚,一时间土法炼钢的典型遍地开花,不仅工厂能炼,居民、农民也能炼，甚至老太太在锅台上也能炼出钢铁。于是，办公室上锁，商店关门，街上没有了行人，人们倾城而出大炼钢铁。自古就以"煤铁之乡"闻名的阳泉，如火上浇油走向前所未有的极端。阳泉丰富的资源在煤炭与钢铁的交迸中遭到极大浪费。

资源优势瞬间变成了不可估量的资源损失。

这种状况直到20世纪60年代初期才得到有效调整。

（王定谟谈：阳泉的工业调整）

今天我们甚至可以说，正是这次调整奠定了阳泉产业结构的雏形。

20世纪60年代调整时期的阳泉充分考虑到节省资金、节约资源、产销对路的原则。市政府对"大跃进"期间废弃的厂房、设施进行技术改造和转产，先后修建并扩建了泡沫塑料厂、钢管厂、高压电器厂、水泵厂、耐火材料厂、玛钢厂、仪表厂等一批以生产传统产品和民用产品为主的手工业工厂，形成了阳泉新的工业格局。

在商品匮乏的年代，这些产品不少是国内首创，有的还填补了国内空白。1965年5月，全国粉末冶金技术交流会在阳泉市粉末冶金厂召开。这一年，阳泉的十多种手工业产品还打入国际市场。阳泉被誉为以特色工业而闻名的"小锦州"。产业结构的调整改变了传统单一的煤铁复合式经济结构，加快了阳泉企业群体的形成。

第二集

很古的时候，相传桃河叫扑猪河。河发时，涨落莫测，来去无常；干枯时，则如大片荒漠，风沙弥漫。传说中，有时烈日晴天，河水也会飞流而下，即使体大如牛、奔跑迅疾的野猪也常被卷入波涛之中。久而久之，百姓们都把它叫作扑猪河。记录中的扑猪河是一条害人的河，有水成洪灾，无水变旱灾。

（桃河沿岸：随机采访居民）

一定意义上说，阳泉的发展史就是阳泉人与水魔、旱魔斗争的历史。

下面的这组数字对于同新中国一起走过的阳泉人来说不应该陌生。

（洪水、旱河床叠化）

（字幕）

1951年7月21日，桃河上游突降暴雨，半小时后，市区和附近27个村庄受灾，同时，受灾农田达22498亩。

1959年至1961年连旱三年，河水断流，外出人口1万多户，6万余人。

1963年8月，全市普降9天暴雨，大小河流水漫为患，72人死亡，73个厂矿停产，受灾村庄108个。

1966年，桃河洪水。57人死亡，面粉厂、木材厂、发电厂等单位被淹，直接经济损失达1亿元。

每个稍有年纪的阳泉人提起水旱似乎都有一段不同寻常的经历。

（居民采访：1、2、3）

历史上称得上风调雨顺的年份，阳泉记录的似乎太少了。白纸黑字写着的是：新中国成立前饱受桃河水害的阳泉市竟没有一寸防洪堤坝。然而，一代一代的阳泉人又不能不面对这个现实。水旱无情啊。

如果说草原部落的人们可以逐水草而居，衍生文明，是历史的真实，那么，黄土地上的生命背井离乡，抛却太阳赐予的脚下无尽的宝藏，则无疑是缘木求鱼。

一方水土养一方人。

阳泉人不是这种个性。

（采访工程师：修水库、打深井屡屡不成功）

20世纪60年代，共和国的航船尚在治理和整顿中的航线上探索时，阳泉市委、市政府认清了桃河水旱灾害给全市人民带来的危害，决心有计划地治理桃河。

1959年至1960年，在桃河的主要支流上率先建成了总容量100万方的坡头水库，初步控制了来自阳泉上游的洪峰。不久，为解决全市用水危机，又开工修建了山南水库。

然而，洪灾仍困扰着阳泉的决策者和建设者。

1960年，市人民委员会发动全市企事业单位集资，并通过组织大规模的义务劳动修筑了西至赛鱼、东到五渡口的桃河南北两岸 40 多公里的拦水大坝，面对洪水，阳泉人终于有了安全感。

40 年后，我们在榆次一所普通的院落里见到大坝施工的组织者张润怀时，他已无法用清晰的语言讲述那段悲壮的经历。太多的坎坷使老人丧失了大部分记忆，然而，提起阳泉，提起桃河大坝，年迈的老人，已克制不住内心的激动。

尔后的日子，大坝不断加固，昔日飞沙走石的扑猪河终于驯服了。

洪灾似乎已被制服，水患却随着阳泉市工农业生产的不断发展如影随形、日渐突出。

终于，20 世纪 70 年代，阳泉这座石太线上的重镇遇到了史无前例的用水危机。由于缺水，全市生活用水严重不足，居民的正常生活和工作无法保障。枯水季节，居民为了等水，每天凌晨四点就起床排队。由于缺水，连医院也无法保证供水。1973 年，市第一人民医院平均每月断水 4 天以上，器械不能消毒，手术无法进行。

（复寿街居民缺水，平定路上分水，拉水）

由于缺水，不少单位为解燃眉之急，只好动用生产车辆去外地拉水。阳泉发电厂的一台机组因供水不足被迫停机。

由于严重缺水，不少厂矿经常处于停产或半停产状态。由于缺水，许多已经安排好的利用阳泉矿产资源的工业项目只能告吹。全市的日用水量 7 万立方米，而枯水期的阳泉则缺水 5 万立方米。

（贾慧生谈：严重影响生产，打深井；李好山谈：想过三种办法都不行）

此时的阳泉已发展成为全国最大的无烟煤基地，是山西省新兴的工业城市，晋东地区的经济、文化中心。

水却成了制约阳泉发展的致命因素。

没有水，阳泉就没有未来。

（张企福、李好山谈：娘子关提水不容易）

面对苍凉的大山，市民们在翘首企盼，是焦急地等待，还是杀出一条血路？市委、市政府和全市人民一起遇到了前所未有的艰难选择。

实际上，早在 1966 年，为彻底解决阳泉城市供水问题，根据专家们的提议，市委就曾多次讨论从娘子关提水的方案，并进行过初步的勘测。"文革"开始后，被迫停了下来。1970 年市委再次决定娘子关提水工程上马，抽调了全市精明强干的技术人员，开始了施工前的准备工作。但不久由于财力不足，未能列入国家计划，工程再次停了下来。

阳泉自建市之日起，就注定了它的每一步坎坷与辉煌都与煤铁有关。今天，我们甚至可以这样断言：没有煤铁，就没有阳泉此前的辉煌。

20 世纪 70 年代初期，由于"文革"的原因，我国煤炭等工业品供不应求，严重影响着整个国民经济的发展。

（贾慧生谈：周总理亲自过问）

1975 年，根据中共中央关于搞好安定团结把国民经济搞上去的指示精神，国家对阳泉的工业企业投入的资金成倍增长。利用这些资金，阳泉相继改建了阀门厂、机床厂、标准件厂、仪表厂等 10 个骨干企业。并根据阳泉的实际情况，从 70 年代初期在全市范围内组织了轻工大会战，相继新建、改建了纺织厂、针织厂、制针厂、合成洗涤剂厂、手表厂等一批轻纺企业，进一步扩大了工业企业的再生产能力，有效增强了工业发展的后劲。尤其是 1975 年阳泉矿务局广大职工发扬特别能战斗的"硬骨头"精神，组织原煤高产，使原煤产量突破 1000 万吨，实现了产量翻番，受到中央嘉奖。

"宁让汗水漂小船，也要产量翻一番"，透过这句带有显著时代烙印的口号，我们也许可以感受到"硬骨头采煤队"那人定胜天的气势。

弹指间已是近 30 个春秋，在矿务局有线电视台《百姓有约》节目的录制现场，我们见到了这些昔日的矿山英雄们。

（节目）

这是一支以从严过细和作风顽强而闻名全国的采煤队，是煤炭部树立的"十面红旗"之一。"翻番"开始后，这个队立刻投入了生产。

（贾慧生谈："煤炭翻番"）

同煤层单产、同煤层年产，岩巷掘进连续奋战，硬骨头采煤队创造了一个个全国纪录。到 1976 年年末，阳泉矿务局终于实现年产量原煤 1252 万吨的既定目标。阳泉矿务局也因此成为继开滦矿务局之后，全国又一个比预计目标翻一番的矿务局。

"十年动乱"，国民经济走到了崩溃的边缘。阳泉矿务局在这个特殊的历史时期产量翻番，既起到为国家排忧解难的作用，又为全国工人队伍做出了表率。也正是从这个时候起，阳泉的煤炭乘着计划体制的航船闻名全国。

（歌曲《拥抱太阳》）

随着阳泉工农业生产的不断发展，水资源的供求矛盾越来越突出。20世纪70年代初期的中国，正值国家压缩基本建设时期，国家财政十分困难，市委主要领导同志一次次去北京有关部委进行详细汇报，一次次到省里反映阳泉缺水的情况和引水的决心。当时任副市长的常杰曾徒步多次穿越从阳泉到娘子关的沟沟坎坎。

（李好山谈：缺水影响发展）

娘子关三面环山，这里的泉水水位稳定，水质良好。阳泉要发展，娘子关提水成了非解决不可的首要问题。

（李好山谈：党员中有人反对）

精诚所至，金石为开。1974年11月7日，国家计委破例正式批准了阳泉市娘子关供水工程计划任务书。12月，阳泉市委一致通过并制定了《关于兴建娘子关供水工程的决定》。

（杨存志谈："请客"）

1975年7月29日，对于普通的中国人来说是一个普通的日子，然而对于生活在阳泉土地上的人来说，却是一个值得永远铭记的日子。

这一天，在市政府礼堂里，市委召开了兴建娘子关供水工程的全市动员大会，并以那个时代特有的方式向全市人民发出号召：学大寨、赶林县，30万人同心干，提起娘子关，劈开太行山，立下愚公移山志，引来万代幸福泉。

从此，娘子关供水工程正式破土动工。

人们常用"一夫当关，万夫莫开"来形容关隘的险不可攀。不妨设想，要在这样的天堑之上依靠双手搭设水路通途，又是谈何容易。

（王德立谈：工程之难）

（常杰谈：国家建委干部考察后，一夜没睡，娘子关供水正是这样的工程）

要把娘子关的泉水引到阳泉市，全部工程必须穿越30公里的崇山峻岭，而吸水口和排水口之间的落差竟有440米之多。低水高提，引水倒流工程规模之大，施工条件之艰难，在阳泉引水史上是绝无仅有的。而其中90%以上的工程量，都要靠肩扛手提来完成。

那是一个人多力量大的年代。

1974年年底，娘子关供水工程指挥部正式成立，从这张工程简报上可以看出，市委对提水工程是下了狠心的。

（黄唐田谈：施工艰难）

工程技术人员是工程建设的开拓者、先行者。娘子关层峦叠嶂，沟壑纵横，荆棘密布。技术人员肩扛测量仪，身背军用水壶，在崇山峻岭间、在严冬和酷暑中历经两年多，终于规划出了提水的最佳方案。而成千上万个数据基本上靠的是手拉卷尺的结果。

那是一个革命加拼命的年代。

刀刃上的二级提水管道是整个输水干线的难点。在不能安装任何吊装设备的情况下，工人们硬是靠双手在大山封冻前，把每根3吨多重的钢管从120米深的悬崖下搬到了山顶。

那是一个苦干加巧干的年代。

为防止水槽底层漏水，一位副总指挥从一部新闻纪录片中得到启示，避开隧道施工，采取梯级泵站。不但保证了工程质量，而且仅这一条信息就节约投资100多万元。

（常杰看文件、纪录片）

那是一个团结奋斗的年代。

如今人们提起那段历史，让人最难忘怀的不是难关重重，而是那情同手足的干群关系。不论是当官的还是老百姓，人们只有一个想法——阳泉需要水。

（黄唐田谈：干群一样；常杰谈："三同"，同吃、同住、同待遇）

泪水掺和着汗水，流过了4个春夏秋冬（字幕、数据），终于汇成了这动人心弦的一幕。

没有鲜花,没有奖杯,甚至没有留下一张像样的照片。然而,谁都承认:有了娘子关引来的水,阳泉的面貌从此焕然一新了。

(童歌《湖光青色满院春》起)

第三集

1977年的盂县尚属晋中地区管辖。这一年,全县大旱,粮食严重减产。而就在这年的秋天,盂县土塔公社却传出了旱灾之年大丰收的消息。这个公社的白家庄大队因为余粮较多,还借粮给兄弟大队。20世纪70年代的盂县和平定都是全国农业学大寨的先进县。这条耐人寻味的消息在当年并没有引起多少人的注意,然而,这的确是阳泉市农村改革史上不能忘却的一笔。

(山西盂县土塔乡)

任何变革都需要突破口,阳泉的农村改革也需要领头羊。

(白家庄)

1973年,张遵华还是白家庄村里的小队长,他看到村里人的日子过得越来越苦,上任的这一年,他就开始在全村偷偷搞起定额承包。年终工分值明显高过其他小队。1977年,他被全村推选为支部书记,他开始大胆推行承包制,从种到收,地里的农活一律搞定额计酬,一年下来,村里粮食产量由20万斤增长到100万斤,整整翻了5倍。

(张遵华同期声:"大不了被开除党籍")

那时,李贵英兄弟4人,都是二十出头的棒劳力,靠勤劳能干,一年下来挣2000多个工分,一年收入3000多元。

而在人均不到半亩地的郊区平坦垴村,人们开始意识到脚下土地的贫瘠和宝贵,开始尝试耕种土地以外的生活门路。

(平坦垴村支部书记梁作义谈:发展村办企业)

种种迹象表明:阳泉这块冻结了多年的黄土地开始了历史性的复苏。

20世纪50年代初期,阳泉市农村不少地方为增加农业产量和收入,解决单家独户缺农具、少耕畜、无劳力、没技术等困难,他们自行组织了互助组,逐渐形成互助合作运动。到20世纪六七十年代，一批公社大队在此基础上办起了"社队企业"。这些企业多以小规模的采矿、冶铁、制陶等传统项目为生，可以说是阳泉市最早的乡镇企业。由于历史的原因，1978年以前，阳泉乡镇企业的生产相当缓慢。全市城乡市场供应十分匮乏，以至于在很长一段时间里人们习惯了凭票供应。

（清城胡玉金谈：阳泉"票据"）

1978年，党的十一届三中全会在北京召开以后，全党工作重心转向了经济建设。随着全市土地承包责任制的推行，一大批劳动力从农村解放出来。阳泉不少干部群众更加清醒地认识到了"左"的思想束缚和僵化的经济体制对农村发展带来的不利影响，他们抓住机遇，挖掘阳泉地下资源和发挥农村劳动力的优势。靠山吃山，组织兴办了一批以采矿业为主的乡镇企业。到1984年，全市从事采掘业的乡镇企业已发展到584个，产值也由8600万元增加到1.5亿元。

（史吉文谈：乡镇企业兴盛）

1985年，中共山西省委、省政府做出了《关于加速发展乡镇企业的决定》，阳泉市各级政府抓住机遇，提出了"集体个人一起上，千家万户办企业"和"三转三结合"的方针，大力发展乡镇企业。到1985年年底，全市乡镇企业发展到12800多个，拥有职工13万人，初步形成了以煤炭、化工、建材、冶金、耐火机械为主，包括运输、建筑、服务和农副产品加工在内的多层次的产业结构。这些企业多从开发矿产资源起步，不断引进新技术、新设备，发展加工业，开发新产品，通过自我流动、自我发展，带动了当地经济。到1990年，乡镇企业占阳泉市农村社会总产值的74.06%，这一数字高出全省16个百分点，并成为全市国民经济的重要组成部分，成为阳泉市农村经济的重要支柱和广大农民走向富裕的必由之路。

（李希曾谈：充分利用劳动力和资源）

（影片资料）

影片《山村锣鼓》就是阳泉农村改革之初的真实写照。

（著名作家马烽谈：为什么到阳泉体验生活）

阳泉发展乡镇企业的实践很快引起了省内外领导、专家的重视，田纪云、李岚清等党和国家领导人先后来阳泉考察。阳泉发展乡镇企业的做法被认为是中国内陆地区发展乡镇企业的模式，是中西部地区脱贫致富奔小康的希望。

乡镇企业发展的重要成果之一，就是把农民从祖祖辈辈赖以生存的土地上解放出来，此后，以耕种为特征的传统农业和以经营管理为手段的乡镇企业开始在阳泉这片土地上融合。新型农民对土地有了更新的认识。

（刘昕亮谈：开荒造地）

然而，随着原料开采规模的不断加大，尤其是进入20世纪90年代以后，企业进入市场，人们发现这些品种单一的矿产品很难占有市场主动权，产品重、大也给交通运输带来很大不便，价格不合理，效益也不好，更重要的是简单的采掘，反而加速了资源枯竭，破坏了生存空间。产业结构调整就这样提上了议程。

（李希曾、杨保国谈：结构调整）

在这种调整思路指导下，郊区的耐火材料，平定科技含量较高的企业，很快形成了自己的特色。而盂县除传统煤炭产业外，则创造性地发展了磁性材料加工。乡镇企业成为全市产业结构中名副其实的半壁江山。

（李天瑞谈：产业结构调整提出了五个重点工程）

为增强阳泉经济发展的后劲，"七五"期间，阳泉市委、市政府决定上一批重点建设工程，并专门成立了市重点工程指挥部。1988年，电厂的2台5万千瓦机组项目、5000吨电解铝技术改造项目、7500吨氯碱技术改造项目、4万吨硫酸技术改造项目、3吨转炉炼钢项目先后开工。

（李天瑞谈：五项工程对国民经济的作用）

1947年5月4日，狮脑山战役的硝烟刚刚散尽，阳泉镇从平定县划出设市。市界为：东至东营盘，西至平坦街，南至南山，北至平坦垴。其面积1平方公里，胡同39条，农村3个，人口10562人。

（照片老居民忆阳泉：1、2、3）

那时，阳泉作为城市，更多的是政治和军事意义。

国民经济的不断发展壮大，为全市的改革开放积累了丰厚的物质基础。

伴随着改革开放的不断深入，阳泉作为一座以能源重化工为主业的中等城市已具备了相应的经济规模。1983年，经国务院批准，平定、盂县划归阳泉，从而进一步确立了阳泉在辖区乃至山西的主导地位。

而此时，十几万阳泉人居住的地方，仍是延续了几十代的、潮湿低矮的窝棚，店铺凌乱不堪，街巷断壁残垣。许多破破烂烂的房间仅有一两平方米的面积，居民集中的地方甚至找不到一段像样的路面。

（田渥林谈：出差回来看阳泉）

此时，党的十二大明确提出到20世纪末实现工农业年总产值翻两番，人民生活达小康的宏伟目标。作为我国重要的能源重化工城市，阳泉必须迅速发展和壮大自己，才能适应国家建设的迫切要求。现代化建设的迫切需要，使旧有的城市基础设施相形见绌。

阳泉人开始关注这座生活了多年的城市。历史和现实把阳泉旧城推到了非改造不可的地步。

（周国俊谈：改造村不像村，城不像城，影响发展）

历史每推进一步都伴着阵痛。

鲁迅先生曾说过一句极为深刻的话：中国是一个搬动一张桌子都得流血的地方。

（张邦正谈：搬迁难）

旧城改造一旦付诸实施，旧的观念、旧的体制及资金管理等方面的难题如影相随，伴随始终。

旧城改造一开始，社会上便有了"治坡"和"治窝"孰先孰后的争论，不少人认为应该先把资金投向生产，压缩城建等生活设施投放资金。

对此，市委、市政府在全市范围内组织了几次大的讨论，使绝大多数市民明确了旧城改造是为全市人民子孙后代造福的大事，这为旧城改造赢得了良好社会舆论。

（照片）

旧城改造是建一座新城，既需要科学的论证，又需要大量的资金。为使新城既有健全的功能，又有合理的布局，市政府一改过去分散建设、分期建设的做法，力争做到拆迁、建设、受益三位一体。

（田渥林谈：开发公司成立）

长期以来，城市建设基本依靠城市维护建设费，这种单一的资金渠道和有限的资金投入是城市建设落后的根本原因，阳泉大规模进行旧城改造就必须跳出旧框框，寻找新路子。

（王凤岐谈：资金来源）

新区建好了，旧城的居民可以搬迁了。然而不少人已经习惯旧城的生活，他们中有的已在几间老房子里生活了几代甚至十几代，尽管破房难住，但故土难离的观念根深蒂固，时至今日，那些住进了新楼的人们也还对故土怀有深深的眷恋。

（北岭坡居回顾：1、2、3）

然而，谁都不会怀疑没有旧城的搬迁，就不会有今天阳泉的焕然一新。阳泉历史上第一次拥有了自己的超高层建筑，阳泉不能建高楼的宿命被彻底打破了。

从此，阳泉有了自己的城市干道和现代化商城。

从此，阳泉有了自己的休闲场所。

阳泉人空前地感受到了这个居住了多年的城市的美好。

旧城改造的完成改变了人们的生活观念，对外开放使阳泉不断呼吸到市场经济的新鲜空气。

在盂县采访时，谈到经商、做买卖的时候，人们在不同的场合都提到了"金皇后"这个有传奇色彩的人物。中秋前夕的一个傍晚，摄制组慕名找到了这位被人们称为"金皇后"的老人。

（侯富林谈：外号的来历）

老人侯富林，80高龄，因为祖祖辈辈都是农民，村里人多地少，他从小心思就没放在土地上，他喜欢做买卖。他说走到大街上，看到哪里都是钱。为此，他曾多次被定为投机倒把的典型，饱尝了各类运动的苦头，就在采访中不慎提到"投机倒把"这个词时，老人坚决地拒绝了采访，至今都不承认。

（侯富林妻谈："经商害怕"）

"金皇后"是20世纪70年代一种玉米优良品种，由于他身材高大，人们给他起了这个带有嘲讽意味的诨号。可是到了改革开放的今天，当市场经济的大潮不断冲击着人们的传统观念时，人们才开始意识到自己和"金皇后"的差距,甚至不少人开始佩服他的商业意识了。

短短几年,在计划经济的大气候下,显得有些稚嫩的私营企业很快在阳泉焕发出了勃勃生机。

花开花落,此起彼伏。就在乡镇企业异军突起、私人企业初见锋芒的时候,和全国不少地方相似,阳泉的国有企业走入了前所未有的困境。

阳泉钢铁公司办公楼前的假山旁有座三足大鼎,雕龙画凤很是壮观。不少人喜欢在鼎前观赏拍照,却很少有人注意上面的这段鼎文:

本厂建于1917年11月,由山西保矿运动爱国绅士筹建,故称为保晋铁厂。惨淡经营至1926年首次出铁,曾铸鼎记。卢沟桥事变后,日军接管,铁厂于1940年改称阳泉铁厂,日本人残酷榨取,疯狂掠夺。抗日战争胜利,阎锡山派人接管,生产萧条,奄奄一息。1947年,阳泉解放,本厂获得新生,增产出铁,支援解放战争。1958年削山填沟,建炼钢车间,于是定名为阳泉钢厂。今厂房栉比,机械如龙,产品闻名中外。今昔对比,天悬地隔,瞻望将来,前程锦绣。旧鼎毁于"文革",故重铸铁鼎以志。

(厂衰状叠化)

鼎文不长,道出了阳钢人大半个世纪的争斗和希望。

(张明德谈:20世纪50年代来阳钢报到)

然而,以产品竞争为主要特征的市场经济既合理又无情。

1998年,阳泉钢铁公司被迫全员下岗。

(樊盛武谈:国企转制)

1999年10月,阳泉钢铁公司由长治钢铁厂租赁。四十年弹指一挥间,当年阳钢人历尽艰难运到解放区的一座小高炉如今又回来了。

开玩笑的人说:"儿子回来吃老子了。"长钢人说:"不对,是儿子回来孝敬老子了。"

老一代的阳钢人心里有说不出的滋味,但他们知道,这是优胜劣汰的结果,是市场经济的产物。

(老工人1、2、3谈感受)

阳钢人最终选择了理性。他们知道这是改革过程中必然要遇到的问题,而不是改革的必然结果。

（张明德谈：阳钢必然衰落的"命运"）

回顾阳泉的历史，我们也可以说是计划经济使阳泉由一片荒滩发展成了颇具规模的现代工业城市；也可以说正是由于生产受计划经济的影响，阳泉的国有企业改革比起其他城市显得更为艰难。也许，正是因为阳泉享有了太多的计划经济带来的实惠，使阳泉市的竞争意识在激烈的市场面前遇到了严峻的挑战。

（经济学家厉以宁谈：资源型城市的特点，产品、质量、市场）

为尽快完成工业结构的调整，实现国有企业制度创新和扭亏增盈，确保全市经济增长的速度和效益，1998年，市委、市政府结合阳泉实际情况，制定了阳泉市地方国有企业走出困境的"386计划"。

的确，有改革开放给全市人民带来的巨大物质基础，有市委、市政府和全市人民风雨同舟，国有企业走出困境再创辉煌的日子已不再遥远。

（市长郭良孝谈：国企的出路在改革，对此充满信心）

第四集

阳泉市自诞生之日起就面临着两大先天不足，一是缺水，二是缺路。

（街头人流）

这组镜头对于绝大多数阳泉人来说并不陌生。

延绵数十里的运煤车队滞留在这条207国道边的阳泉，司机们早已司空见惯。

（道路堵车）

这至少可以说明两个问题：

一、阳泉作为山西的东大门，有着得天独厚的地理区位优势和矿产资源优势。改革开放使阳泉这个全国最大的无烟煤基地对外交流日趋频繁。

二、尽管阳泉处于石太铁路、207国道、307国道的交会处，历史上也曾以地处交通要道而闻名全国，但今天的阳泉已面临着交通建设的严重滞后，经济和社会的发展已经受到了严重制约。

307 国道市区段向东向西均不过 8 公里,因为堵车常常要走两三个小时,不少过往的司机感慨:不怕路途远,就怕过阳泉。

而让人感到心里不平衡的是,阳泉市东西两个出口离太旧高速路均只有 8 公里。

经历了十几年改革开放的阳泉刚走上市场经济的轨道,一个大大的问号就摆在了面前,阳泉向何处去?

(市委书记谈:决策修路)

历史的积淀与现实的思考都在叩问这片古老而贫瘠的黄土地。一个不容置疑的答案是,穿越阳泉全境的太旧高速公路建成通车为阳泉提供了一个千载难逢的发展机遇。

太旧高速公路有一半以上的通车里程在阳泉,如能将阳泉的发展纳入以太旧路通车为标志的环渤海经济区,那么,这无疑对阳泉的发展会产生强大的推动力。反之,太旧路通车后,阳泉与之配套的交通条件不具备,则意味着未来的阳泉将坐失良机。

(张俊华谈:三种人不愿意)

1996 年年初,阳泉市委、市政府审时度势,果断决策:全民参战,抓太旧机遇,大干 100 天。建成赛鱼路、平定路,打通市区与太旧高速公路通道。

(薛银拴谈:时间太紧)

这是阳泉建市以来规模最大的市政工程之一。为抢在太旧路通车前全面竣工,在极其艰难的条件下,这条累计长 16 公里、宽 40 米的城市一级路从开工到建成只用了一百天时间。

平定路要穿越义井镇河下村,居民拆迁是最大的困难。

(河下村老槐树)

(樊村长谈困难,葛氏夫妇谈原因)

3 年后,当再次来到这个为修两条路而拆除大批民房的村庄时,人们的生活已大大改观。

今天人们认为这项工程已完全达到了既定目标。

两路建设从开始就坚持"四个第一"的标准,已全部实现。

在通常情况下，两路建设就其施工难度来说，至少需要两年时间，然而实际只用了 100 天，实现了速度第一；从路基的形成到路面的铺设完全达到国家规定的标准，实现了质量第一；而两路建设按市政定额估算需投资 3.4 亿元，而实际只用了 1.2 亿元，实现了节约资金第一。两路的开通结束了阳泉堵车的历史，为全市经济的发展进入高速路、开上快车道奠定了坚实的基础。

深秋，路边的山菊花显得更为鲜艳夺目，朵朵山菊似乎都在向人们诉说着平定、赛鱼两路的悲壮。金秋时节，摄制组沿着阳泉人的这条腾飞路走进一位高级工程师的家里。

（汪志刚家同期声，汪妻哭谈丈夫）

照片上的这位就是两路总指挥部工程技术监督组长汪志刚。

汪志刚的爱人是矿务局医院的主治医师，因此汪志刚完全有条件经常检查身体，但他却没有做。在他的眼里，"两路"和生命同样重要。两路施工太紧张，他无法兼顾。汪志刚是在病床上听到两路通车的喜讯的。那天，他对周围人讲："我这个人，一辈子搞工程，搞来搞去，愈来愈感到阳泉的基础设施的落后和对外交通的闭塞。两路建设的规模和领导重视的程度都是从来没有过的，我能参与这样的工程也算了却了一桩夙愿。"

两路通车 22 天后，汪志刚永远离开了他奋斗 41 年的阳泉。

1999 年 7 月，刚刚到山西上任的省委书记田成平来阳泉视察，充分肯定了阳泉引进私人资本、激活国有企业的做法。这一年年初，阳泉市委、市政府出台了《有关加快乡镇企业结构调整的实施意见》，明确提出积极培育和扶持一批强、大、优的企业集团，对这些集团实行动态管理和重点保护，以带动中小企业和国有企业的发展。计划体制下带来的产业结构性矛盾，开始逐步走向缓解。阳泉的国有企业历经"山重水复"后，开始走向"柳暗花明"。

长期以来，人们有这样的观念，阳泉是靠挖煤发展起来的，阳泉的出路还得靠煤炭。那么，煤挖空了又该怎么办？新一届市委、市政府充分认识到这是关系阳泉未来能否立足的重大问题。在建立市场经济体制的过程中，阳泉人必须做出明确的回答。

阳泉深化改革需要的东西很多，最重要的是观念的更新。

除了煤炭以外,磁性材料、耐火材料是大自然赐予阳泉的又一财富。新一届市委、市政府以敏锐的目光看到了阳泉潜在的优势。

建设新资源的基地,发挥优势,突出特色,立足高起点、高标准、高档次、高附加值、高市场占有率,发展"新品、名品、精品",推动产业升级,增强市场竞争能力,乡镇企业完全可以摆脱粗放模式,实现二次创业。

实现国有企业的振兴和乡镇企业二次创业的出路在于吸收人才、技术和资金,更新设备,使产品更新换代,而这一切都要有好的投资环境。

(市委书记谈:改善投资环境)

多少年来的矿山生活使阳泉人习惯了煤的颜色。从楼房到街道,从单位到住户,和绝大多数工业城市一样,阳泉从建市之初就被浓重的灰色包围着。

人们无法忘记那些"冬天一堆灰,夏天一地泥"的岁月,直到旧城改造结束的20世纪90年代,小阳泉、平坦街仍是房屋低矮,道路狭窄,污水横流。这些不但与阳泉的改革开放无法适应,而且与城市生态环境也极不协调。

改革开放20多年来,人们的生活越来越好。人们不再为衣食所困,而更多的人开始关注这座居住多年的城市。来往阳泉的人越来越多,作为阳泉人,人们热切地盼望着阳泉能像沿海发达地区的城市一样充满现代化生机。人们真切地希望阳泉不论从哪个角度看,都是一座像模像样的城市。

事实证明,城市建设与规划,不但是本地居民的需要,更是一个地区发展的必要条件,是改革开放的重要组成部分。在市场经济逐步形成、知识经济初见端倪的时代,阳泉的城市建设显得更为迫切。

(经济学家厉以宁谈:结构调整必须合理规划)

阳泉市委、市政府很快抓住了这一关系到子孙后代的大事,对阳泉的发展实施了科学规划。

历史赋予了新一代阳泉人开创一个新时代的使命。

把一个什么样的阳泉带入21世纪,阳泉市委、市政府做出了果断而科学的决策。

创业的艰辛,唯有创业者的体会最为深刻。城市改造从拆迁到规划重建,说到底是资金问题。

（薛银拴谈：阳泉公用设施成本高）

钱不是万能的，但在市场经济条件下离开钱，搞城建、求发展是万万不能的。

阳泉缺少资金，但阳泉有市场。

利用外来资金发展本地经济，俗话叫"借鸡下蛋"。这是沿海地区发展起来的成功之道。

担任改造任务的城、矿两区，一方面组建开发公司，另一方面引进开发商。这些公司先垫资拆迁改造，然后通过出售商品房赚钱，政府决策很快成为市场行为。

（厉以宁谈：引入私人资本，发展多元经济）

向市场要钱，以工程养工程，改革使阳泉这个深受计划经济影响的工业小城与市场经济终于默契地结合在一起。

北大街是阳泉的交通要道，商店、学校非常多，交通经常堵塞，事故不断。几届政府都曾试图修筑两个地下通道，只因没钱，无法实现。在政府新思路的影响下，石油公司主动出资300万多元建了加油站，收回资金用于修筑地下通道。很快工程顺利开工。

城市中，许多公共设施建设都是政府出资，单从市场的角度看纯粹是赔钱的买卖。长期以来，政府为市政建设背上了很重的包袱，伤透了脑筋。

人们一直梦想着怎样把包袱变成财富。阳泉市委、市政府的科学决策最终使这一梦想成为现实。

阳泉市的泉中路是全市的繁华地带，但多年以来街道两面的护栏破破烂烂，十分刺眼。2001年以来，由市邮政局投资200多万元，全部换成不锈钢护栏，配上赏心悦目的灯箱广告和一道道彩虹桥，成为阳泉一道美丽的风景。

邮政局投资200多万元买断了泉中路10年的广告发布权。据市场调查预测，三五年内即可收回投资成本，效益显著。

谁投资，谁经营，谁受益。决策的高屋建瓴招来八方财神。如今在阳泉，社会投资搞城建正是有目共睹的热门。

市体育馆的配套工程、大规模城市中心广场的兴建，多家投资按股份分红。"人民城市人民建,建好城市为人民",阳泉人对这句城市顺口溜体会之深也许是空前的了。

多元投资搞城建的机制给阳泉带来的不仅仅是城市楼房高了,街道宽了,设施全了,还带动了许多相关产业的发展,形成了新的经济增长点。

(郭良孝谈:无数为阳泉城建做出贡献的单位、人们)

长期以来靠挖煤生活的阳泉,开拓出了更大的生存空间。一个全方位、多层面对外开放的格局已经在阳泉形成。

阳泉人在自己的土地上实现了世世代代都未曾有过的梦想。

改革开放二十一年,阳泉人创造多少个"全市历史第一",已很难数清楚了。然而,一个明白无误的事实是:阳泉改革开放的航船正在义无反顾地加速前进。

市委、市政府带领120万阳泉人发起的每一次冲击,都将改革之剑直指旧体制的防护墙。

(郭良孝谈:谈振兴国企与城建的关系)

今天,当你漫步在煤城街头时,也许会感到这座城市既陌生又神秘。

的确,在阳泉,你已经很难找到记忆中的痕迹,高楼耸立,市场繁荣,阳泉已今非昔比。

(阳泉五十年代表性画面)

今天,当你漫步于阳泉街头,也许还会心存疑虑,有所疑问。

改革使阳泉具备了市场经济的活力,阳泉呈现出前所未有的生机。然而,市场经济体制的逐步确立又为不少习惯计划体制的阳泉人带来了风险和竞争。

实践再次证明,抓住机遇,发展自己,关键是更新观念,发展经济。

阳泉终将走出计划经济留下的阴影,阳泉终于拿到通向新的经济体制的通行证。

历史对改革者情有独钟。当年,王铁锁带领李家庄的父老乡亲,靠双手把荒凉的大山变成致富的乐园时,曾经让无数造访者为之感叹。尤为可喜的是,今天的阳泉已经有一批王铁锁式的汉子,在城市改革的大潮中脱颖而出。

回顾半个世纪以来的阳泉,每一步攀登都异常艰辛,每一次冲击都充满着冒险，而每一次拓展的成功都让人体会到阳泉人生生不息的壮美情怀。

一块砖不可谓之少，一粒沙不可谓之轻。半个世纪的血与汗凝聚成的每一块砖、一粒沙，就是一座可歌可泣的丰碑。

一个半世纪以前，卡尔·马克思就曾这样断言："任何一种解放都是把人的世界和人的关系还给人自己。"阳泉人奋起于忧患，经历挫折与辉煌，必将一如既往地紧密团结在以江泽民同志为核心的党中央周围，紧紧抓经济建设这一中心，以大山般的刚毅和大海般的胸怀迎接新世纪的到来。

太行巍巍，风也萧萧，雨也潇潇；

黄河滚滚，春也滔滔，秋也滔滔。

（2001 年 5 月　第一稿）

实践作品2：《丝与路》[①]

（导视）1877年，德国学者李希霍芬研究发现，古老的东西方之间存在着一条"丝绸之路"。137年后的今天，"丝绸之路"无论内涵和外延都发生了根本性变化。戈壁沙漠间行走的曾经是漫长的驼队，几个民族间交往赖以盈利的是丝绸皮毛；沿途国家和民族的发展，曾经充满困惑与渴望。昔日西方学者笔下无法想象出来的"丝国"人，如今已经遍布地中海沿岸的城市街区。神秘的亚欧大陆两端的国家历经"丝绸之路"两千多年的认识、交融，终于找到了互利共赢的发展之路。

片名：丝与路
（画面：罗马 剧场 凯旋式 恺撒 长袍）
公元前48年，罗马剧场。

（解说）一场庆祝罗马打败庞贝的活动正在进行。恺撒和他的将士们手舞足蹈，兴奋之间，他不经意地脱掉了外套。周围的人们顿时安静下来，目光聚焦在了恺撒的身上，人们似乎发现了比凯旋更为诱人的消息。原来，恺撒外套底下穿着的是罗马人从未见过的紫色长袍，轻柔飘逸的长袍让恺撒更显英雄魅力。

很快，人们了解到，这是一件丝绸做成的长袍，丝织品透出的华贵气质迅速引起人们的关注。不久，罗马上层贵族特别是妇女们想方设法购买穿戴，丝绸迅速成为罗马上层社会时髦奢侈的标志。

（画面：电影《克利奥帕特拉》资料）
（解说）罗马的女人们身穿丝绸是为了尽显身材的美妙，男人们竞相消费

[①] 本稿为电视系列纪录片《中华文明五千年——中国故事》（北京市委宣传部、北京电视台出品）撰写的解说文学稿第6稿，题目有改动。同名图书由北京出版集团公司、北京出版社2015年2月出版。

丝绸制品有些匪夷所思。元老院认为这种做法实在有伤风化，他们决心下令制止。况且，这种由遥远东方国度进口来的衣料，价钱昂贵，罗马帝国为此流失了大量黄金。然而，尽管元老院多次通过禁穿丝绸的法令，还是无法抑制人们对丝织品的消费和需求。

（画面：电影资料　古代罗马人生活）

（解说）那时的希腊人和罗马人都认为这些丝绸来自一个叫"赛里斯"的地方，意思是产丝之地。可是他们谁也没见过远在天边的"赛里斯"和"丝人"。丝绸从"赛里斯"到罗马不是直达，中间数万里，征程漫漫，山水相隔，各地语言风俗互不相通，货物是通过途经国家的转手贸易，一站一站向前转送。价钱也就成倍提高，到了罗马，贵如黄金是意料之中的！[①]

（画面：模拟罗马著作者　普林尼　波桑尼阿斯）

（解说）西方人想知道这些丝绸是怎么制造的，他们想知道，能够生产奇妙衣料的地方究竟是什么样的？

（画面：情境设置）

（解说）他们开始想象。在很长时间里，罗马人认为中国的丝绸是长在树上的。而且，他们心目中的"赛里斯"人生活在和平之中，他们远离武器，不习战争，他们不会给任何邻居带来麻烦。"赛里斯"气候宜人，天空清澈，森林丰富。这里的人们经常向这些树木喷水，这种树生产像绒毛一样的丝。他们将这些绒毛和水搅和，抽出非常精细的线，然后织成"赛里斯布"[②]。

古代的罗马人哪里知道，不要说他们不清楚丝绸的来历，即使是在遥远的"丝国"，也很难说清是谁教会了这里的人民使用蚕丝织布。

（画面：画像石　采桑　养蚕）

（解说）传说中，黄帝的后妃嫘祖发现桑树上蚕吐的丝柔软细长，可用来编成织物遮体御寒，她便教导人民把蚕养起来，缫丝织绸，用丝织衣服代替兽皮、树叶等遮蔽身体。

---

① 杨共乐：《罗马史纲要》，商务印书馆，2007年，236页。
② 吴琼：《公元4-7世纪的中西交流——以丝绸贸易为中心的考察》，北京师范大学博士论文，2011年。

（画面：中国丝绸博物馆　丝绸历史标志物）

（解说）在中国，丝绸的出现比棉布要早得多。

在大禹时期，就按各地土地的出产，定其贡赋。当时的兖州、青州、徐州、豫州，东至山东半岛，南到江淮流域，都产丝出帛。中国古代的诗歌总集《诗经》中，关于蚕桑事业和生产活动的记载就更多了。由于桑树和梓树的普遍种植，"桑梓"后来成了中国人"故乡"的同义词。①

《豳风·七月》②则叙说了养蚕织帛的过程：迎着春日的阳光，黄鹂在枝头歌唱，姑娘们拿着深深的竹筐，走在田间小路上，去采那柔嫩的桑叶。蚕月到了，桑叶长得更繁茂了，于是，用斧头砍下那些攀不上的枝条，把那些桑叶全采下来。七月伯劳鸟儿叫，八月便绩麻。把麻和丝染成黑的和黄的，朱红色的最漂亮，做成公子们的衣裳。

（画面：南宋　蚕织图）

（解说）这是一幅采桑、养蚕、纺织图。即使是皇帝的妻妾在养蚕季节，也要做些象征性的活动，以促使所有的妇女都努力从事养蚕织丝的工作。

（画面：商青铜器　殷墟　有丝制品的铜片）

（解说）在河南安阳殷墟遗址的发掘中，就发现黏附于青铜器上的织造精美的丝织织物。在甲骨文中也有蚕、桑、丝、帛等字，还记载了用三头牛祭蚕神的活动。

由于丝织业在国家经济中占有重要的地位，因而历代政府都设有专门官员管理。齐国的丝织业特别发达，有"齐纨""鲁缟"之称的山东地方，设置了专门机构"齐三服官"。另外，汉时设东织室、西织室，各置令丞，"主织作缯帛"，专门为政府纺织丝绸。③

（画面：宋　耕织图　马王堆汉墓蝉衣）

（解说）到了西汉，织机有了更大改进。相传西汉巨鹿人陈宝光妻能织葡

---

① 余冠英：《诗经选译》，作家出版社，1957年。
② 《豳风·七月》："春日载阳，有鸣仓庚。女执懿筐，遵彼微行，爰求柔桑……蚕月条桑，取彼斧斨，以伐远扬，猗彼女桑。七月鸣鵙，八月载绩。载玄载黄，我朱孔阳，为公子裳。"（《诗经》）
③ 吴琼：《公元4-7世纪的中西交流——以丝绸贸易为中心的考察》。

萄锦、散花绫，大将军霍光妻将她召至长安织作。她用的织机有一百二十个镊子，十天可织绫一匹。[①]这种能织图案花纹的技术无疑是纺织业的进步。

（画面：山东、江苏、成都汉画像石浮雕石）

（解说）从汉代织机图上分明看出，当时的织布机已经采用脚踏板，这种技术进步大大加快了织布的速度。同样的纺织技术在欧洲到6世纪才出现，13世纪才广泛采用。而在中国的西汉时期，纺纱织丝已经是当时妇女普遍必须学习的技能。

（画面：画像石　女子耕织采桑）

（解说）"唧唧复唧唧，木兰当户织"，这是《乐府诗集》里的诗句，也可以看作是描写的汉代女子的日常生活。汉代女子在十多岁时就开始从事纺织、制衣。汉代乐府诗《孔雀东南飞》记载女子刘兰芝"十三能织素，十四学裁衣"。让同时代的西方人不能理解的是，当罗马贵族为一件丝绸的长袍欣喜若狂的时候，遥远的东方汉王朝社会，丝织品和麻织品、动物毛皮一起构成了主要衣料来源。富贵人家穿绫罗绸缎司空见惯，普通百姓穿丝麻制品也不新鲜。人们穿的衣服，上身叫"衣"，下身叫"裳"，而且有"外衣""中衣"和"内衣"之分，长短也不同——长者到脚，短者到膝。比较常见的外衣是长袍。

有意思的是，当时纺丝织布技能好的妇女，对婚姻也有帮助。刘兰芝被焦仲卿母亲遣出家门之后，竟有县府和太守两家先后主动登门求婚。汉代婚姻并不像后来那样看重"童贞"，倒是很看重婚姻的内容。

（画面：亚里士多德）

（解说）中国的丝绸在很早的时候就已输送到西方。希腊人很早就知道以产绢著名的中国，"绢国"最早见于希腊学者亚里士多德的文集之中。中国丝绸运到罗马，与黄金等价。恺撒的丝袍引起羡慕，被认为豪华并不奇怪，那时丝绸的输出很少。

丝织品向西方输出，大约通过三种渠道，即中国政府向西方少数民族的赠赐，政府与少数民族以物易物的交换以及奔走在丝绸之路上的商人的活动。

---

① 武伯纶：《传播友谊的丝绸之路》，陕西人民出版社，1983年。

（画面：边境"互市"内蒙古　新疆交易市场）

（解说）匈奴是古代活动在中国北方的一个"逐水草迁徙"的游牧民族。在汉代，他们还处在奴隶社会时期。奴隶主贪婪残暴，他们不断南下骚扰，抢掠汉朝边民的财物，破坏农业生产，因而从春秋战国时开始，秦、燕、赵、魏等国就不得不筑长城"以拒胡"。秦统一中国后，也曾派蒙恬将十万之众，"北击胡"，使匈奴人不敢南下。秦亡后，匈奴首领冒顿单于乘刘邦、项羽逐鹿中原之际，不断向南发展，逐步控制了当时中国的东部、北部、西北部和西部的广大地区。匈奴拥有骑兵三四十万，成为汉王朝的劲敌。

（画面：汉墓壁画　车马出行图）

（解说）汉统一全国后，匈奴人的袭扰仍有增无减。为了缓和矛盾，汉高祖采纳了刘敬的建议，每年给匈奴大量的丝绢和钱粮，并且每隔几年送一个公主给匈奴单于为妻妾，"约为兄弟以和亲"。这政策一直延续到武帝初年。

（解说）大量丝织品通过赏赐流入边疆地区，并通过西部边疆大量地流向了西方。

（画面：昭君出塞图　影视资料）

（解说）汉王朝代价高昂的"和亲"政策，并没有感动匈奴贵族，他们依然不时地南下烧杀抢掠。匈奴军又赶走了原来生活在敦煌与祁连山之间的大月氏人，控制了整个河西走廊，完全切断了西向的国际通道。至此，匈奴军的侵扰已经极大地影响了汉王朝的政治。霍去病感叹说："匈奴未灭，无以家为也。"①

（画面："汉并天下"瓦当　龙凤呈祥玉器）

（解说）公元前140年汉武帝即位时，西汉王朝经过60多年休养生息，经济繁荣，国力强盛。汉武帝决心解除匈奴多年来对汉朝的威胁，积极进行反击匈奴的准备。当他从投降汉朝的匈奴士兵口中得知原在汉朝西边的大月氏王是为匈奴单于所杀，就决定派使臣去大月氏，请求与大月氏联盟共同夹击匈奴。

---

① 班固：《汉书·匈奴传》。

（画面：张骞使西域图）

（解说）公元前138年，汉中博望人张骞应募出使西域。张骞一行人，从长安起程，经陇西向西行进。前往西域的道路中充满了艰险，除了匈奴人阻隔外，大沙漠中绝无人烟，方向不明，路径不清，往往要靠人和牲畜的尸骨或粪便来确定路线。沙漠中，缺水源，多热风沙，甚至骆驼也难以忍受。

（画面：汉代长安遗址）

（解说）当他们来到河西走廊一带后，就被占据此地的匈奴骑兵发现。张骞和随从100多人全部被俘。匈奴单于知道了张骞西行目的之后，自然不会轻易放过，把他们分散开去放羊牧马，并由匈奴人严加管制。还给张骞娶了匈奴女子为妻，一是监视他，二是诱使他投降。但是，张骞坚贞不屈。虽被软禁放牧，但他一直在等待时机，准备逃跑，以完成自己的使命。

（画面：汉代玉门关遗址）

（解说）张骞在匈奴的监视下过了十一年，终于有机会和随从甘父一起逃走，离开匈奴地盘。他们继续向西行进。由于他们仓促出逃，没有准备干粮和饮用水，一路上常常忍饥挨饿，干渴难耐，随时都会倒在荒滩上。好在甘父射得一手好箭，沿途常射猎一些飞禽走兽，饮血解渴，食肉充饥，才躲过了死亡的威胁。

（画面：新疆新源县　新疆酒文化博物馆）

（解说）张骞越过沙漠戈壁，翻过冰冻雪封的葱岭，来到了大宛国。高鼻子、蓝眼睛的大宛王，早就听说汉朝是一个富饶的大国，很想建立联系。但苦于路途遥远，交通不便，故一直未能如愿。因此，当听说汉朝使者来到时，喜出望外，在国都热情地接见了张骞。他们请张骞参观了大宛国的汗血马。在大宛王的帮助下，张骞先后到了康居国、大月氏、大夏等地。但大月氏在阿姆河上游安居乐业，不愿再东进和匈奴作战。张骞未能完成与大月氏结盟夹击匈奴的使命，但却获得了大量有关西域各国的人文地理知识。

（画面：西安旧城）

（解说）张骞在东归返回的途中，再次被匈奴抓获，历尽千辛万苦，十三年后回到长安。这次出使西域，使生活在中原内地的人们了解到西域的实况，激发了汉武帝"拓边"的决心,他封张骞为"博望侯",准备抗击匈奴。①

(画面:甘肃汉代阳关遗址)

(解说)公元前119年,开始了武帝时期对匈奴最大的一次反击。由卫青与霍去病率军分两路出击,汉军乘胜前进,一直追赶到狼居胥山歼灭了匈奴军的主力,基本上解除了匈奴的威胁。②汉王朝设置田官,安排吏卒五六万人,丝绸之路才畅通无阻。

(画面:交河故城)

(解说)西汉末年,匈奴乘汉王朝内部混乱之机,重新侵占西域各国,商贸交流再度被阻隔。西域人民一方面不堪受匈奴人统治,另一方面像汉王朝一样,有强烈的恢复丝绸之路的愿望,因而纷纷遣使请求汉王朝出兵保护他们,并重新在西域设置都护府。

(画面:新疆新源县 西域博物馆)

(解说)靠近乌孙国的地方势力最强大,是"匈奴右臂"。公元前119年,汉武帝再派张骞出使西域。这次,张骞率领300多人的使团,带着上万头牛羊和大量丝绸顺利地到达了乌孙。并派副使访问了康居、大宛、大月氏、大夏、安息、身毒等国家。但由于乌孙内乱,也未能实现结盟的目的。这个时候,汉武帝派名将霍去病带重兵,击退了盘踞河西走廊和漠北的匈奴,设立了"河西四郡"和嘉峪关、玉门关两个关口,开通了"丝绸之路"。

(画面:嘉峪关 玉门关古遗址)

(解说)张骞向汉武帝汇报了关于希腊的巴克特里亚、大宛国和康居国的见闻,还有关于安息、塞琉古人、米底亚以及犁轩国和条支国的信息,深得汉武帝的赞许。这些信息对汉武帝经略西域的决策至关重要。张骞之后,汉代出使西域者相继不断。

(画面:阳关故道 商队 骆驼)

(解说)张骞和他的后继者们搜集了西域奇异的特产带回汉朝,其中有葡

---

① 班固:《汉书·张骞传》。
② 班固:《汉书·卫青霍去病传》。

萄和紫花苜蓿等植物种子。

（画面：江淮田野　苜蓿种植）

（解说）这种在中国江南地区广泛种植的作物叫作紫花苜蓿，是"牧草之王"，原产古波斯，据说是张骞出使西域时带给汉武帝的礼物之一。苜蓿是公认的饲养马匹等食草动物的最好饲料，不仅产量大、营养价值高，而且可以肥田增产，"一亩苜蓿三亩田，连种三年劲不完"。苜蓿还是重要的蜜源植物。如今的苜蓿除了用作饲料外，还走上了许多地方的餐桌。上海人和江浙人把苜蓿叫作"草头"，每逢上市季节，家家户户都把它当作家常蔬菜食用。

张骞通西域以后，胡葱、胡荽、胡麻、胡桃、红花、无花果、石榴等从西域传来。同样，中国植物种子如柑橘也随商贸交流开始外传，原产中国的桃、梨在二世纪时传入印度。汉武帝经常看到"异物四面而至"[①]，感觉到做大汉皇帝前所未有的骄傲。

（画面：陕西　张骞墓）

（解说）张骞出使西域是迄今为止所知道的、中国与帕米尔高原以西地区的第一次直接接触，此后汉朝又陆续派遣了更多的使者到达西域地区。张骞因为首次出使西域，打开了中国西面的国门，被后来学者们称为"凿空"。这也是中国人第一次在这一地区成功的地理发现和探索。此后，汉朝在西域地区屯田、守边，影响不断扩大。

（画面：汉代长安模型　阳陵墓葬）

（解说）长安是丝绸集中之地。汉长安城规模宏大，比当时的罗马城大三倍多。这里交通方便，是西北与巴蜀和中原等地贸易的枢纽，又是对西域通商的中心。古代西方人认识的最早的中国城市就是长安。汉长安城中有东、西两个商铺区，各个市场都有围墙，其中还有高达五层的楼。汉长安市场上货物分类排列，热闹拥挤，人难得转身，车不能掉头，烟尘四起，交接云天。一些商人在这里逐利货殖。

汉武帝用军事和外交取得了对匈奴的胜利后，河西走廊至长安的道路畅通。

---

① 班固：《汉书·张骞传》。

（画面：汉代木简）

（解说）延绵向西的汉代烽燧保留了汉军驻扎的资料。围绕烽燧的四周是士兵食宿的住所，考古发现的资料证明：在一间不足6平方米的小屋里，成册的木简记录了汉军的活动和花销。其中，汉元帝永光二年，也就是公元前42年，一个驻守在烽燧的姓郑姓军官的父亲去世了，他请求上级允许他回内地奔丧。

（画面：库车北苏巴什古城　和田城）

（解说）74年，东汉王朝又正式命班超作为朝廷使臣前往西域于阗等国。班超以汉朝的威信和个人才能相结合，组织当地的政治力量和军事力量，打击匈奴和地方分裂势力，赢得了西域诸国的信赖。于阗国王表示与汉王朝和好，疏勒等国也相继恢复与汉朝的联系。

（画面：汉代烽燧　库车烽火台）

（解说）不仅如此，94年，为加强西域和内地的联系，班超组织龟兹等8国的7万军队，加上汉朝在当地的1400余名"吏士商贾"[①]，联合征服焉耆国，取得了巨大胜利，当时西域的50余国全部恢复了与汉朝的友好关系。班超为东汉赢得了今新疆塔里木盆地的大部地区。东汉的统治疆域直接达到了葱岭地区，和西方诸国毗邻而居，这客观上为东西方后来的进一步了解创造了便利条件。

（画面：疏勒　丝绸之路遗址）

（解说）班超经略西域赢得了当地人的信任。当班超奉诏回洛阳的消息传开后，疏勒国举国惊动，设法挽留。当班超回国途中路过于阗，王侯以下的人都痛哭流涕，抱住班超所骑的马的腿，不忍离去。[②] 班超只得又返回疏勒，此后的20余年间，班超一直代表汉王朝以西域都护的身份常驻西域。实际上，当时在西域的汉朝士兵，不过1000多人。

班超的视野并不局限在西域，为进一步了解西方，派遣以甘英为首的使团

[①] 范晔：《后汉书·西域传》。

[②] 同上。

出使罗马，也就是当时的大秦。

（画面：新疆塔什库尔干山口　丝路古道）

（解说）大秦是汉朝时西方的大国。中国的文献中曾经记载了大秦国人的面貌：高大平正，类似于秦代的中国人，所以称为"大秦"。但对于中国人来说，最早知道"大秦"这一名字和消息的应该是班超。而最早前往大秦去了解这一情况的则是甘英。[①]

（画面：情景模拟）

（解说）97年，时任西域都护的班超派遣下属甘英探索前往更西地区大秦国的路线。甘英到达了条支国，正当他登船渡海的时候，旁边安息国船工的话让甘英退缩了。船工说，到达大秦国要漂洋过海，即便顺风顺水也要航行三个月，不顺的时候，在海上过两三年也不奇怪，所以航海的人都带三年的干粮。航路上因为思念故乡，船上的人死在半道上是常有的事。甘英望而却步，东西方大国的一次正式接触就这样擦肩而过了。

（画面：情景模拟）

（解说）甘英在"抵条支，临大海"后，除了向安息的西界船人询问渡海的消息外，还从他们那里得到了许多大秦方面的知识。这些知识包括：大秦国的名称和地理位置；大秦国的大小和习俗；大秦国国王的情况，包括国王的居住地、办事方法以及与中国不一样的选立国王的标准；大秦国的珍贵物品，如夜光璧、明月珠、珊瑚、琥珀、琉璃、朱丹、杂色绫、火浣布等，也有野蚕茧做的叫作"水羊毛"的布料。他还了解到大秦国用金银做货币，和波斯、印度在海上做贸易，获利丰厚。

（画面：三维地形图　开博尔山口　通往印度的通道）

（解说）这些信息客观上帮助了东西方的交流。

（画面：广东　海上丝路博物馆）

（解说）中国南方是南岛人种的发祥地。先秦时称之为百越民族，擅长海上航行和冒险，足迹遍及太平洋和印度洋，史前时代起即开始了向远洋迁徙，

[①] 杨共乐：《早期丝绸之路探微》，北京师范大学出版社，2011年，第36页。

远到今天的马达加斯加、夏威夷、新西兰等地。

自汉朝开始,中国与马来半岛就已有接触,尤其是唐代之后,来往更加密切。这个时期,海船从汉朝东部港口出发,向西航行的南海航线、向东到达朝鲜半岛和日本列岛的东海航线都已开通。汉武帝派遣的使者和应募的商人曾经详细描绘了西出南海、印度洋的路线和航程。终于,至汉桓帝延熹九年,大秦王安敦遣使者从今天的越南带上象牙、犀角、玳瑁,献给汉朝皇帝,[①]完成了东西方两个大国的直接沟通。

海上通道在隋唐时运送的主要大宗货物是丝绸,到了宋元时期,瓷器的出口渐渐成为主要货物,因此,人们也把它叫作"海上陶瓷之路"。同时,还由于海上输入的商品历来主要是香料,因此也把它称作"海上香料之路"。陶瓷和茶叶是中国主要海上出口物品。除了陆上交通以外,经过海路到达西方的路线就是今天人们说的"海上丝绸之路"。

(画面:塔克拉玛干沙漠 三维动态)

(解说)新疆境内的南道途经一望无际的塔克拉玛干沙漠和高峻的帕米尔高原,虽然自然条件恶劣,却是古"丝绸之路"的一条主要商贸干线,也是一条最早的国际交流大道。

(画面:三维 古代丝路 亚欧大陆)

(解说)从中国到罗马就算从长安出发,其路途之遥远、运费之高昂足以让所有商品价格倍增。丝绸制品因为贵重而且便于运输方可使中间商有利可图,这也许是早期东西贸易中商人选择丝绸的一个原因。价值昂贵的商品很少的数量就可以支付运费,特别是骆驼商队要跨越整个亚洲,从中国海岸到叙利亚海岸整个行程长达243天。

(画面:三维模拟 尼泊尔的石头城)

(解说)在汉代,"丝绸之路"出了河西走廊,必须通过敦煌才能到达新疆。它是丝绸之路东段,从长安到敦煌的终点,又是中段从敦煌到葱岭的起点。如以重兵把守敦煌,封锁敦煌境内的玉门关和阳关,那就切断了"丝绸之

---

① 范晔:《后汉书·西域传》。

路"。所以史学家称敦煌是"丝绸之路"的枢纽。

（画面：鸣沙山　月牙泉　敦煌　酒泉　张掖　武威）

（解说）"敦"的意思是"大"，"煌"是"盛"，"敦煌"就是盛大辉煌之意。敦煌在周朝以前属戎地，秦代是大月氏族居住地。汉初，匈奴族破月氏，杀国王，占敦煌，并以河西为基地向中原侵扰。到汉武帝时击败了匈奴，111年设置了敦煌郡等"河西四郡"，并在通往西域南北两道的咽喉地设置了"阳关"和"玉门关"两大关口[①]。

亚欧大陆上，东西方交汇的路径和节点更加确定了。"阳关大道"让"丝绸之路"变得越发舒畅。

（画面：洛阳　龙门石窟　白马寺）

（解说）丝绸在罗马帝国的流行，也促使大批商人到中国经商贸易。北魏时期，都城洛阳南部御道附近专门设有外国人居住的驿站，来到洛阳的外国人按东西南北不同方位以及到达洛阳先后时间划分住所。刚来的住御道东边的四个旅馆，三年后则在御道西边获得一座皇帝赐给的房子。如此优厚的条件极大地吸引了外国人的到来。特别是西域地区，自葱岭以西到百国千城，都来归附，胡商胡贩每天奔波在边塞上下，所到之处流行的都是中国风尚，买田置地的数不胜数，归化的民众不下万家。[②]

（画面：古道　沙漠　驼队）

（解说）由于西域沿途多戈壁沙漠，骆驼是最适合的交通工具。"边城暮雨雁飞低，芦笋初生渐欲齐。无数铃声遥过碛，应驮白练到安西。"[③]"碛"，应是贺延碛，是从敦煌到哈密的"丝绸之路"上最困难的一段路。"安西"，即掌管"安西四镇"的安西都护府。杜甫有"羌女轻烽燧，胡儿制骆驼"的诗句。唐代墓中出土的牵驼俑，不少是驮着丝绸的。无数的骆驼队，摇晃着发出清脆声响的驼铃，满驮着丝绸，行进在大沙漠上的情景，这是一幅唐代"丝绸之路"上特有的景象。

---

① 班固：《汉书·西域传》。
② 杨衒之：《城南》，《洛阳伽蓝记》卷三。
③ 张籍：《凉州词》。

（画面：永泰公主墓壁画《宫女图》 章怀太子墓《观鸟捕蝉图》 周昉《簪花仕女图》 张萱《捣练图》 山西省高平市李凤墓壁画等）

（解说）张骞通西域不久，罗马帝国首都罗马城就出现了更多的中国丝绸。陆上"丝绸之路"就沿着天山南北逐渐形成了东西交往的北、中、南三条基本干线。汉代以后，中国长期处于分裂状态，丝绸之路上兴起了许多互相攻伐的政权，一度阻碍了"丝绸之路"的畅通。直到唐代，中国重新统一，进一步扩大了西北疆域，"丝绸之路"进入它的黄金时期。

（画面：北庭都护府　吉木萨尔）

（解说）唐太宗贞观年间，唐朝连破突厥、铁勒汗国，漠北草原游牧部落臣服唐朝。在回纥以南，突厥以北，设置了66个驿站，在今新疆地区，形成了东西南北纵横交错的交通网。

（画面：唐三彩　运丝绸的骑马俑）

（解说）647年，唐太宗把具有行政效力的都护府扩展到安西的于阗、龟兹、疏勒和碎叶四镇，[①]并沿着"丝绸之路"设立大批低一级的都督府，构成了庞大的管理网络。唐朝的管理深入辽阔的中亚地区，东起长安，穿过河西到西域，再到中亚，连成一个融溶贯通的经济环境。"丝绸之路"成为一条贯穿欧亚的地球上最长的"阳关大道"。

（画面：细忧公主画像　新疆西域博物馆）

（解说）唐朝政府也和汉朝一样，凡公主出嫁或外国使节来朝，都要赠送许多丝织品。除了大宗赏赐外，中原政府与边境少数民族政府之间的交换，也为数不少。唐朝借回纥兵力平定了"安史之乱"，四十匹绢换一匹马，动辄就用掉几十万匹绢。回纥在向西方运输丝绸的过程中的作用可想而知。

（画面：莫高窟的第220窟《帝王图》 唐代在西域和中亚设置都护府地图　李渊和李世民父子画像）

（解说）中国的造纸术、养蚕术、金银器制造术、炼钢术、打井技术以及农耕经验不断传到西方各国。

---

① 《新唐书》，卷二。

（画面：埃及纸莎草纸）

（解说）与此同时，域外文化，近处如中亚、西亚，远至欧洲、非洲，如江河汇聚，融入中华，最典型的是"胡人"和"胡文化"。

（画面：陕西博物馆藏牛首玛瑙杯、希腊金面具、波斯银币、波斯舞马衔杯壶等）

（画面：永泰公主墓出土的"胡人俑头"）

（解说）胡，是来自西域各少数民族以及中西亚诸国乃至欧洲和非洲的民族。随着"丝绸之路"的开通，奇风异俗、奇装异服、奇乐异舞不断涌入，异国风情被唐人称做"胡"的文化，它像风一样吹遍整个社会生活。人们形象地称之曰"胡风"。

（画面：陕西博物馆藏彩绘胡装俑、卷发俑、白瓷抱瓶俑、外国人陶俑）

（解说）在长安城内，到处可以吃到胡饭与胡饼。胡麻油的引进，带来了珍馐佳馔的花样翻新。中国人本来都是烹调的艺术师，在胡风的刺激下，酒席饭宴更是繁花似锦。唐代宗时，宰相元载贪赃受贿，抄家时竟查出胡椒900石，[①] 这足以显示唐人对外来事物由衷的喜爱。

（画面：阿克苏博物馆　唐代酒具和酒坛）

（解说）马球、棋类、杂技、魔术等来自西域的娱乐方式都是大唐盛行的游戏。唐太宗、玄宗、熹宗，全是打马球的高手。而武则天和狄仁杰更善于在棋弈中表现非凡的智谋。至于来自"西凉伎"的舞狮，已经演变成了中国民间的习俗。

传说舞狮子最早是从汉代西域传入的，狮子是文殊菩萨的坐骑，随着佛教传入中国，舞狮子的活动也传入中国。狮子是汉武帝派张骞出使西域后，和孔雀等一同带回的贡品。狮舞的技艺来自西凉的"假面戏"，唐代时舞狮已成为盛行于宫廷、军旅、民间的一项活动。

诗人白居易《西凉伎》诗中对此有生动的描绘："西凉伎，西凉伎，假面胡人假狮子。刻木为头丝作尾，金镀眼睛银帖齿。奋迅毛衣摆双耳，如从流沙

[①] 《新唐书》，卷六。

来万里。"描述的正是当时舞狮的情景。

（画面：吐鲁番阿斯塔那墓室"下棋仕女绢画"）

（解说）在炫目的胡风中，最令唐人激动不已的是胡服、胡妆、胡乐和胡舞。在唐人服装中，胡服尤其受到宠爱。男子胡服是一种窄袖长身袍和头巾，窄袖来自西域和中亚；靴子则是来自北方牧民们的常服。

（画面："彩绘胡人骑马俑" 莫高窟第390窟供养第45窟普门品和故事画中的人物）

（画面：莫高窟第375、334、217、130、45等窟妇女各式发式）

（解说）胡姬们身穿袒胸露臂的窄衫，在酒肆里豪饮放歌，用地道的西域乐器演奏龟兹乐或西凉乐，胡姬们跳着疾如旋风的胡旋舞。

（画面：僧侣行走在荒漠上 寺庙礼佛 使团来往）

（解说）唐朝四海混同，中原各地驿馆棋布，店肆林立，外出旅行非常便利。唐代私人旅店业空前繁荣，佛教传入后，寺院、旅店也为出行之人提供了落脚场所。

（画面：白马寺 僧众）

（解说）"三藏"，梵文的原意是指放物品的筐箧，有包罗万象之意。佛教借以用来概括全部佛经。"藏"成了佛教经典的总称。古时对通晓"三藏"真经的僧人，尊称为"三藏"。"丝绸之路"最著名的僧人当属唐三藏，也就是玄奘。

（画面：玄奘西行求法图）

（解说）自汉代佛教传入中原以后，中国高僧赴印度取经者络绎不绝。玄奘本俗姓陈，出生于河南洛阳，少年时代父母双亡，20岁正式取得僧人资格。此后游历各地，参访名师，在多年的学习中，他感到他所学的各种佛教经论的说法不一，观点相悖。他决定去佛教的故乡天竺求取真经。

（画面：莫高窟 经变画 取经图）

（解说）唐贞观元年（627）秋，长安一带遭受天灾，玄奘混在灾民队伍中，开始了漫长而又艰险的西行求法之路。玄奘出玉门关，于629年到达高昌。高昌王笃信佛教，与玄奘结为兄弟，请他取经后再回高昌；并作书24封给沿途诸国请他们提供帮助。离别高昌后，玄奘爬冰山、过草原、穿越戈壁沙漠，历尽磨难，最后进入佛国印度。①

（画面：新疆高昌发掘遗址　佛寺）

（解说）玄奘在天竺居住多年，对佛法经义烂熟于胸，还成为天竺最高佛寺院那烂陀寺的主讲，在印度佛学界树立了崇高的威望。当他决定东还故国时，天竺许多国家首领执意挽留。摩罗国王更是许诺，如果玄奘答应留下来，他愿以建造100座佛寺答谢，但玄奘婉言谢绝。玄奘于贞观十九年回到阔别19年的长安，受到唐朝皇帝的亲自接待。玄奘在长安组织"译场"，翻译梵文佛经75部，1335卷，计1300万字。②

（画面：喀什古城　阿富汗巴米扬大佛）

（解说）玄奘用一年的时间，把自己的经历写成《大唐西域记》一书，记述了赴印度途中的所见所闻。记录了当时印度、尼泊尔、巴基斯坦、孟加拉国以及中亚等地的历史、地理、风土民情。他的壮举深深影响了后人。不久，唐朝社会上就有了关于他取经的神话般的传说，到元代出现了《唐三藏西天取经》的杂剧。今天，唐僧取经更是家喻户晓。

（画面：敦煌城　莫高窟）

（解说）东西交通的地理位置和自然条件使得敦煌成了欧亚大陆上著名交通中心和丝路上最大的"通商口岸"。中国大量的、轻柔美丽的丝绸绫绢，通过这里进行交易，源源不断地运往西域和欧洲；西域和欧洲的玉器、玛瑙等珍贵的珠宝，奇禽异兽以及大量的畜产品，在这里聚集，又长途转运到中原。汉、魏晋南北朝至隋唐时期的敦煌，村坞毗连，鸡犬相闻，佛塔遍地，市场广大。

（画面：楼兰古城遗址）

（解说）楼兰国始建于公元前176年，经过了六百多年历史。在当时，楼兰是丝路交通咽喉，被称为"楼兰道"，在丝绸古道上盛极一时。

---

① （唐）慧立:《三藏法师传》。

② 同上。

当年，古楼兰城内街巷纵横，商贾辐辏；城外有河水流过，小河两旁绿树成荫。在这里，有来自长安、大月氏、安息、大宛、康居等国的使者、士兵、行商和僧侣，他们经过长途跋涉，越过干旱缺水的戈壁盐碱地和沙漠后，终于来到了罗布泊畔的楼兰城。各国使者率领的随从、士兵在此停留，客商的驼队也纷纷在此歇息，他们在楼兰城里放松休整，补充给养。

（画面：哈密风土　旧地再现）

（解说）楼兰城内，使用汉朝的五铢钱币和中亚各国的钱币，可以购买色泽华丽、柔软滑润的中国丝绸、铜镜，大宛琉璃，安息香料。楼兰的妇女用各色玉石串珠做成项链，戴上金银首饰来装扮自己。

（画面：敦煌商旅经变画　唐三彩骆驼俑）

（解说）楼兰古道上，往来东西方的"使者相望于道"①。从中原内地出使外国的使团，一批多的可达数百人，少的也有一百多人；一年中，多的有达十多批，少的也有五六批。汉朝时的楼兰城，一年中接待的外来使团商队，多则可达两千多人，少的也有五六百人。②

（画面：罗马元老院遗址　剧场遗址　电影资料）

（解说）395年，罗马帝国的君主去世，帝国被分成东、西两半。476年，西罗马帝国灭亡。东罗马帝国虽然延续，但实力已经远不如前。③与此同时，罗马与远东的贸易主导权也开始逐渐落入波斯、阿拉伯等中间商人手中，波斯成为主要的获利者以及远东商品的重要集散地。

（画面：蚕种西传画）

（解说）为了绕开中间商人的盘剥，获取高额利润，"丝绸之路"上的域外民族，从上层到商贾从来没有停止过对中国蚕丝制作秘技的渴望。他们为垄断商路，几度征战。最终在波斯商人的帮助下，在6世纪中期将蚕种带到了欧洲。

（画面：海上航路）

（解说）大唐贞观以后，国力日盛，声名远播，远方的国度主动来访者不

---

① 司马迁：《史记·大宛传》。
② 范晔：《汉书·西域传》。
③ 杨共乐：《早期丝绸之路探微》，第18页。

断增加，东罗马帝国的使者从陆路或海道来到中国。贞观十七年（643年）拂菻王波多力派遣使者献给唐朝红玻璃、绿金精等物品，唐太宗赐给上好的丝绸回谢。

中唐之后，西北丝绸之路阻塞，中原地区经济衰弱，江南地区不断开发，海上交通开始兴盛。欧亚交往的主要通道逐渐转到了海上。

（画面：蓬莱博物馆）

（解说）拂菻、大食、波斯、天竺、狮子国等国商人从海上来到中国；中国的商船由泉州或广州启航，经过海南岛到达今天的越南、泰国、苏门答腊、马六甲、斯里兰卡、印度、非洲东海岸、阿拉伯红海沿岸等地。随着海内外贸易的扩展，"唐人"不断定居世界各地。

（画面：泉州航海博物馆）

（解说）宋朝初年，中国海船已经用罗针导航。宋朝先后在广州、杭州、明州、上海镇等地设立市舶司专门管理海外贸易，其中以广州、泉州和明州最大。泉州在南宋后期更一跃成为世界第一大港口和海上丝绸之路的起点。元代中国商人汪大渊记载的航海足迹已经远到埃及等地。

大航海时代来临后，西方人不断改变着东进的路线。他们一面从海上闯入中国，强迫贸易，一面不断深入亚欧腹地攫取文化秘钥，劫掠古代东西方文明交汇的宝藏。

1900年，负责看守敦煌莫高窟的道士王圆箓与几位最不同凡响的西方探险家的交易，震惊了全世界。这位质朴懦弱的出家人发现了著名的敦煌藏经洞，西方探险家连哄带骗，掠走了洞中珍藏的佛教经卷和各类文书。从此，这些记录古代中国的经典文献散落世界各地。"敦煌学"成为"丝绸之路"留给世界的珍贵文化遗产。

（转场）

（画面：楼兰　敦煌　汉代烽燧）

（解说）曾经繁华的"丝绸之路"上的古城消失了，古代的"丝绸之路"落寞了，但张骞"凿空"开启的对外交流的曙光一直照耀着21世纪。古老的"丝绸之路"在今天的欧亚大陆焕发出了新的生命。

（画面：丝路三维图　景教碑　战争和商贸交织叠化）

（解说）中西交往的历史源远流长，影响深远。蚕丝引领中西乃至东西方交往。丝路则是连接中西两大强国——秦汉与罗马的重要桥梁，承载了2000多年的历史信息和人文情感。《大秦景教流行中国碑》记载：古代罗马与中国是分布于古代欧、亚大陆两端的两大强国。它们的多次交往不但加深了两国人民之间的友谊，而且也促进了两大文明的发展。古代亚欧大陆上的交流表明：不同文明间的交往是世界多元文明之所以发展到今天的重要原因。

（画面：欧洲学者研究丝绸之路）

（解说）1877年，德国学者李希霍芬提出了在古老的东西方，亚欧大陆上存在着一条以丝绸贸易为中心的商贸之路，这是"丝绸之路"的最早概念。

（画面：采访德国学者诺特："丝绸之路"对中西交流的影响）

（画面：海路　陆路　航空　贸易　文化交流）

（解说）在全球化和信息化背景下的东西方国家，不再是寻求对抗而是深化合作，不再是强调个体生存而是探索共同发展。

古代以丝绸贸易为中心的中西交流的历史表明：中华民族对外交往的方式从来都是以追求和平、互利、共赢为目的，2100年前如此，21世纪的今天尤其如此！

后现代视野下的影像史学

——兼论"Historiophoty"在中国史学语境的实践和发展

一、"Historiophoty"的词源考释

从构词和词源的角度,"Historiophoty"由 histori- 和 phot- 两个词根组成,histori- 自然来自历史 history 一词,可以追溯到拉丁文 historia,意为"叙事、记述、故事",再追溯到希腊文同义词,意为"通过调查获取知识、叙事"。phot- 是怀特借用英文 photo 一词,photo 本源自希腊语"光",但这里应该是 photograph 的缩写,1839 年 3 月 14 日由英国科学家约翰·赫谢尔(John Herschel)爵士发表在皇家科学院的文章中首次出现[①]。其中 -graph 源自希腊语 graphein,意为"书写、记录",因此 photograph 原意为"用光记录",引申为"照片、影像",后缀 -y 将其专有名词概念化即 photography 意为"摄影术"。那么,"Historiophoty"本意应为"历史化的影像手段"。怀特并没有拟造如 Photohistory("影像的历史")一类的词来代表他的理论。这说明,"Historiophoty"的概念除了具有史学研究重视的历史叙事,还有和历史学研究相关的跨学科的内涵。

二、"Historiophoty"与后现代

尽管海登·怀特本人一再否认,在历史哲学研究领域,他仍被认为是所谓"后现代历史哲学"的标志,他关于"元史学"、修辞学、话语转义的研究将文

[①]《牛津英语词源词典》"Photograph"条,上海外语教育出版社,2000 年,第 300 页。

学分析引入到史学批评领域,是历史哲学"语言学转向"早期主要倡导者。怀特在1988年提出"Historiophoty"实际上与他的历史哲学思想是一脉相承的。然而,他在学术著述中并没有充分地论述"Historiophoty"这一概念,在他发表了标志性的 *Historiography and Historiophoty*(1988)一文以后,只在2008年对一篇书评的回应文章中阐释了他创造"Historiophoty"一词的初衷,可以说。"Historiophoty"的概念没有在怀特思想内容中占据显著位置,他本人对其学术内涵和实践缺乏进一步的阐释和界定。

那么,"Historiophoty"和后现代史学之间究竟是什么关系?影像表达历史进入"后现代"思潮后扮演什么角色? 20世纪历史哲学发展为上述问题提供了思考视角。

像研究自然科学一样去研究人类文化既是启蒙思想的内涵,也是自然科学助推的结果。这一倾向导致实证研究逐渐在19世纪的史学探讨中占据了主流。实证主义史学以求真为目的、以科学客观基本态度,运用人类知识的一切手段,还原历史真实,摒弃和避免历史编纂中的主观性。在很大程度上,实证主义划分了现代历史学的学科边界,方式是将历史学与实证研究紧紧结合起来。在实证主义时代,历史学自信地以描绘人类历史的全部图景为己任,历史学家被认为和科学家是一类的。兰克反对用历史主义来支配历史学研究,他认为历史主义是哲学家的任务,而哲学家是不用去验证史实的真实与否的。兰克说,"哲学家以事件从属与其观念,只在从属于其概念时采取认识它,是一种概念的历史。如果这个过程正确,历史学将失去其独立性"[①]。实证主义将历史研究的重点从概念构建转移到实证研究上来,以求真为根本目的,以客观为基本态度,将历史学从哲学式的概念建构中解放出来,近代科学研究中经常使用的诸如实验、调查、计量等观念和方法被用于认识和解决历史学研究中的问题,从而推动了现代历史学科的形成。拉丁文 historia "通过调查获取知识、叙事"和 photography 的"摄影技术"功能在实证主义史学的背景下走向结合。

---

① [德]兰克:《论历史科学的特征》,见包伟民编《历史学基础文献选读》,浙江大学出版社,2007年,第46页。

传统历史学和近代科学的结合并非一帆风顺。20世纪初，历史哲学领域反对和批判启蒙精神的声音不绝于耳。启蒙时代的主旋律是科学和理性，真正对启蒙理性构成严肃批判的思考，是质疑科学理性是否存在一个相辅相成的对立面，比如人文精神。如冯·赖特所说，人文学科是对作为文化存在物的人的研究，①那么是否人文学科可以沿着物理学、生物学那样的方式获得最终的完善？对于历史学科来说，在实证主义史学大行其道的19世纪末，学者也在尽力思考人文学科区别于自然科学的自主性。文德尔班用"非对称的"和"表意的"来描述自然科学和人文研究的差异，认为前者是普遍性和规范法则的探索，采用的是抽象和演绎的研究方法；后者对个别性和唯一性感兴趣，采用的是直观和体验的研究方法，狄尔泰在《精神科学导论》用"解释"和"理解"来解释这种差异。②20世纪初期，实证主义的哲学理论发展到顶点，以"逻辑实证主义"为代表的哲学思想蔓延到历史哲学领域，代表是1942年亨佩尔发表《普遍规律在历史中的作用》一文。亨佩尔提出的历史解释的"覆盖率模式"，将实证主义史学的方法论进一步形式化。③物极必反，逻辑实证主义在三四十年代发展到顶峰后，旋即跌下神坛，自然科学倾向的实证主义历史研究，未能给人文研究提供一个满意的哲学基础，马克·布洛赫说"将历史诉诸感情并不有损理智"④在实证史学的学术框架中，没有位置留给人类文化的感性部分，对此，冯·赖特认为，自然科学的理论范式在处理人文问题时天然存在一种"概念的贫乏"⑤。"Historiophoty"要作为历史学研究的概念呈现，需要注入新的内涵。

语言学的结构主义思想，质疑和颠覆了历史知识最基础的概念，为影像叙

---

① [芬] 冯·赖特：《人文主义与人文科学》，周祯祥、陈波译，见陈波编《知识之树》，生活·读书·新知三联书店，2003年，第89页。
② [德] 文德尔班：《历史与自然科学》，见何兆武编《历史理论与史学理论——近代西方史学著作选》，商务印书馆，1999年，第381页、第400页。
③ [德] 卡尔·亨佩尔：《普遍规律在历史学中的功能》，《哲学杂志》第39卷，1942年第2期。
④ [法] 马克·布洛赫：《历史学家的技艺》，张和声、程郁译，上海科学院出版社，1992年，第10页。
⑤ [芬] 冯·赖特：《人文主义与人文科学》，第99页。

述历史提供了历史解释的新方法。索绪尔说，语言是系统中的一个符号，由"能指"和"所指"两部分组成。而对于历史文本来说，长期以来忽略了关于"能指"的一面。从语言学引入的结构主义将历史文本与真实历史事件在哲学上区分开来。从结构主义的理论来看，历史学是一个巨大的意义结构系统，它的结构特征"既是由历史事实的历时序列决定的，也是由解释或叙述历史的语言决定的"①，这为60年代历史学的语言学转向埋下伏笔。历史的结构性，首先是历史知识的结构性，它消除了以文本为基础历史学具有的连续性意义。历史知识是构建出来的，历史是对复杂的社会生活进行的一种编码，这种观点的代表是列维·斯特劳斯。德里达认为，概念与符号表达基础之间有着牢不可破的关系，符号在先验层面上先于意义。福柯说，权力隐藏在作为真理意志的话语中，他认为理性人文知识的绝大部分是一种结构，而政治这种结构确立了理性的权威，成为现代性主体意识的中介。在哈贝马斯看来，福柯的思想用人文科学（尤其是考古学和谱系学）对理性完成了彻底的批判，以"历史的反科学形式来超越人文科学"。按照福柯的观点，历史学应该杜绝目的论和宏达的因果关系，应当没有"历史真理"，因为一切真理都是权力意志的表达。在福柯活跃的20世纪60年代，轰轰烈烈的左翼民主风潮影响到了学术界，分析哲学和结构主义以民主的名义对主流历史哲学进行反叛。

  历史学的语言学转向使得"Historiophoty"成为后现代史学有力的帮手。1960年代以来，西方知识界开始对现代社会的基本价值观念展开批判，如历史进步论、社会演进观念、民族主义和民主制度等。如果说语言学转向对于历史学来说研究范式的变革，是认识论和形式上的冲击，这些"新"史学浪潮则是对传统历史以内容和精神上的冲击，它们很多时候被冠以"后现代"的称谓。例如，史学新思潮批判现代社会进步理论的实质是欧洲中心论的文化霸权主义，呼吁关注长期压制在主流历史之下的少数民族、劳工、妇女、精神病人等边缘人群的身份认同，催生出诸如新文化史、微观史学、社群史、口述史、记忆史等新的研究领域。相比于传统历史学的文献史料研究和应用，这些历史

---

① 韩震、董立河：《历史学研究的语言学转向》，北京师范大学出版社，2008年版，第48页、第300页。

问题的研究、表达和视听技术发展关系密切，形成了史学研究的新范式。美国历史学者阿里夫·德里克（Arif Dirlik）认为，"后殖民主义"是后现代主义在第三世界国家殖民历史中的体现，他认为应该用另一种历史来代替现有的西方文明霸权的历史内容。[①] 如萨义德（Edward W. Said）《东方学》直接质疑历史证据，否定西方殖民主义认识体系的客观性和真实性。他认为，欧洲对东方文化及其历史的关注是因为"有助于西方将自己界定为与东方相对照的形象、观念、人性和经验"，是"（欧洲）在东方关系中处于强势地位的符号""东方学"（Orientalism）是由西方创造出来的理论和实践体系，包含着西方对东方上千年认识的积淀，并成为一种知识的"过滤框架"，"东方即通过此框架进入西方的意识之中"。印裔历史学家斯皮瓦克（Gayatri G. Spivak）提出"作为'他者'的欧洲"（Europe as an Other）的概念。[②] 她在《后殖民主义史学理性批判》（A Critique of Postcolonial Reason）一书中直白地说："殖民主义在塑造自身形象的多种方式：以外来者的身份视自己为主人；将权利改写为服从；将欲望定义为法律——这些都制造出了一个'他者'为主体的历史文本，后来变成为了这些地区的'信史'。"后现代（后殖民）主义希望以另一种文化内核替代传统史学的内核，颠覆围绕现代性构建起来的价值评判标准。

镜头语言记录和表达历史的观念和方法进入了"后现代"历史学研究，对历史学和历史认识产生了重要影响。史学史学者理查德·范（Richard T. Vann）在分析美国主流历史理论研究期刊《历史与理论》后认为，1960年代到1970年代历史学术争论点发生了转变。[③] 他通过分析不同作者的史学分析模式中发现，到1975年时，历史学的知识范式发生了转变，从实证主义哲学模式下居主导地位的经验验证性论述和正确逻辑性的自然科学概念，转变到由以叙事和文本分析的文学模式占主导的"新"历史哲学形式，看重对历史文本的情景

[①] Arif Dirlik：*Postmodernism and Chinese History*. Boundary 2. 28（3），19-60.（2001）.

[②] Gayatri G. Spivak：*A Critique of Postcolonial Reason: Toward a History of the Vanishing Present*. Harvard University press, 1999, p.199.

[③] Richard T. Vann：*Turning Linguistic: History and Theory, 1960-1975*, *A New Philosophy of History*, University of Chicago Press, 1995, pp.40-70.

化、结构化语言碎片的分析。①将文学的表意理论运用到史学文本的结果,是在对历史知识的观察之外,更多地将文本视为一种美学的整体,有自身的语法、术语和诗意的意向。海登·怀特是史学的语言学转向的中坚人物,他的代表作《元史学》认为历史的叙事结构和修辞手法同样是历史研究的重要内容,而且应该被推向历史研究的核心地位。怀特的语言学转向是英美分析历史哲学以及 70 年代以来后结构主义思潮长期影响的结果。他的理论也从来不缺乏反对的声音。美国历史学家格奥尔格·伊格尔斯(Georg G.Iggers)认为,对历史学的语言文学内涵的关注将使得历史学最根本的学科属性产生退化。②怀特所认为的历史文本同时也是按照一定标准组织起来的文学文本,尽管他坚持历史文本本质上不具有文学以外的内涵,是诗意的创作,这便触及了"历史学的底线";阿里夫·德里克认为,二十世纪六七十年代以来,不管是由后现代史学还是元史学家倡导,"背后被一种历史学的民主化渴望所推动"③,并且导致了历史学和历史学家的边缘化。"怀特坚持'想象'(Fiction)和'历史'(History)之间存在区别,他希望以一种'现代性的'真实来适应'崇高的'历史实践的展现。"④传统史学学者认为:历史学研究需要严格的"程序正义"保证研究的真实性,要坚持自然科学研究的知识谱系。后现代主义带来的研究方向的泛化和价值体系多元化是对传统史学的挑战。

三、怀特笔下"Historiophoty"的意指

"Historiophoty"正是在"后现代"史学思潮和"语言学转向"的话语体系共同作用下产生的。一方面,后现代主义代表的反叛精神,促使史学价值、标

---

① JohnE.Toews:"A New Philosophy of History? Reflections on Postmodern Historicizing",*History and Theory*. Vol36, No.2, 1997, p.236.

② GeorgG.Iggers:*Historiography in the Twentieth Century:From Scientific Objective to Postmodern Challenge*. Wesleyan, 2 edition 2005, p.28.

③ Arif Dirlik:*Postmodernism and Chinese History*, Vol.28, No.2, 2001, p.45.

④ Richard T. Vann:The Reception of Hayden White, *History and Theory*, Vol.37, No.2, 1998, p.143.

准向多元化发展，构成研究内容上的突破；另一方面，语言学转向极力呼吁的叙事结构的研究，关注历史的建构过程，是研究形式上的突破。从启蒙时期以来历史学建立起的实证主义基础被突破了。所以，对于"Historiophoty"，怀特在其1988年标志性的文章 *Historiography and Historiophoty* 中将其解释为"历史和历史思考内容的影像化呈现方式"。怀特认为，这种新形式的历史表现形式能够"充分体现历史思维的复杂性、批判性和可靠性"，因为所有的历史书写都是"归纳、置换和象征的过程"，而这些无一不是电影的呈现特点。书写历史和"Historiophoty"之间只有"中介形式"的不同。而根本上，"历史事件的真实性取决于历史学家对材料塑造的真实性，'事实'并非普遍而是专业化的，'历史'和'非历史'的区别只在于历史学家的专业知识。如果考虑到历史影像的无限性和充分性，便可以完成视觉语言对历史事实的转换"[1]。这段话可以看作是怀特为影像表达历史提供了理论依据。

怀特不是作为一个主流学术的挑战者去创造一个新的历史研究方向，而是希望建立与书写历史相对立的新的历史表达模式。"Historiophoty"的观点是建立在他对历史文本和历史叙事形式研究的基础上的。它是后现代和语言学转向发展到一个高层次的产物，其核心超越了实证意义上的历史真实，而指向后现代意义上的"历史感"，一种"崇高的"历史真实。怀特在2007年回应路易·梅纳什（Louis Menashe）对罗伯特·罗森斯通的书评时称："'Historiophoty'一词是'书写历史'（Historiography）一词的类推，是因为历史的影像表达并不是书写历史。这个名词产生了不好的引导是，有人倾向去挑出影像中与书写历史对立的部分。我认为'Historiophoty'强调了书写历史与影像历史之间的区别（这两者完全不是一回事）。"怀特没有将虚构与历史真实统一起来，也没有试图用历史想象来代替历史书写。他希望创造的是对立于书写历史的另一种形式的历史体裁，一种新的历史叙事模式。怀特又说："影像理论总是试图将历史的影像表达与书写历史等而视之，我希望找到一种方式将它从这个束缚中解放出

---

[1] Hayden White: Historiography and Historiophoty, *The American History Review*, Vol.93, No.5, 1988, pp.1193–1199.

来。"① 怀特解放出来的影像理论实际上是一种叙事模式、一种意义与形式之间的纽带。这一点与怀特长期以来高举的"文学转向",关注"形式的内容",是一脉相承的。

怀特思想的核心是关于"话语转义"(the tropics of discourse)的理论,而这一理论的基础来自维柯。转义就是宏观意义上的比喻,是文本和思维中对意向的类比和迁移。与其说,怀特所推崇的转义理论将文学方法吸收到历史文本的研究领域,不如说他利用转义理论构建了语意分析的结构体系,并运用这一理论发现了历史文本的修辞结构。在《话语的转义》一书的前言中,怀特从皮亚杰的儿童心理发展理论、维柯的"诗性逻辑"以及黑格尔和尼采的思想中找到佐证,试图证明比喻是理性的基本条件。怀特认为,根据人类认知的基本理论,思维将新的内容引入到经验的内容和结构中来,必然会产生意义的转义。这种"转义"既是各种理论展开的条件,也是认知的过程。对于历史文本来说,情节结构正是这种转义理论的表现形式,也是历史变得可理解的必要条件。怀特为史学文本的情节模式设定了四种类型,并把历史话语区分为历史事实意义与对事实形式的解释和阐释所形成的"表层"意义②。对历史的情节结构的研究指向深层的历史结构意义,有助于理解"想象与思想之间的连续性"③以及事实和解释之间的互补关系。理解转义理论,便可以理解怀特史学思想中的"后现代"的部分。怀特着力论述的是转义的过程,意义从 A 到 B 的过程,而 A 和 B 分别的具体形式,是转义理论较少关注的。怀特思想的基础是转义理论,是建立思想的"元过程",而不是将文学修辞手法套用在历史知识形成过程中,更不是将一切历史知识都看成是虚构的。怀特的转义理论,可以看作是结构主义"能指"和"所指"的概念在历史文本中的深刻运用。

怀特的不同在于,用形式主义的方法去研究历史中的主观性。怀特多次否

---

① Hayden White & Louis Menashe: *To coin a phrase*, *Cineaste*, Vol.33, No.3, 2008, p.83.
② [美]海登·怀特:《历史主义、历史与比喻的想象》,见《话语的转义》,董立河译,大象出版社,2011 年,第 119 页。
③ [美]海登·怀特:《话语的转义》,董立河译,大象出版社,2011 年,第 25 页。

认自己是一个后现代主义者。从某一个方面说,后现代主义从来没有一个确切的定义,它的名称的主干"现代主义"本身就是一个宏大空旷的概念。怀特认为自己是一个"形式主义者",认为自己的研究方法是结构主义的。怀特的研究关注点在于"历史与文学的结合部分"。所以当我们在怀特的思想体系中去思考"Historiophoty"时,发现它不是方法论层面的概念,不是接近历史真相的诸多手段之一,而是作为历史叙事的形式,用形式上的变化来突破文字表达的局限。从某种意义上说,怀特的方法也是科学和实证的,因为他研究的对象是历史文本中的主观因素,是历史话语的形成过程。要超越这些"主观"性,怀特的工具是"转义"的概念,用来认识意义的形成机制。怀特的思想是"形式主义"的,他创造的语意研究理论为理解一部分内容做出了贡献。如果说怀特思想对主流历史学造成了冲击,并不在于他否定了什么,而是他建立的这一套方法为认识提供了更多的可能。从这个角度,"Historiophoty"可以被看作形式上的另一个解放、向外的拓展。

四、"Historiophoty"与"影像史学"

"Historiophoty"包含了以上历史学之外更为宽泛的跨学科的内涵,特别是随着视听觉传播技术的发展,"影像"已在事实上渗进了声音等新的史料元素。因此,将"Historiophoty"译为"影像史学"似更贴切。影像史学作为一种历史叙事和研究范式,应该和史学研究的传统更有机结合并不断发展。换言之,国内对于影像史料的历史研究不应该局限在"Historiophoty"的层次,应该有所取舍和超越。一方面,中国史学有深厚的社会文化土壤和学术传统积淀,西方史学的发展也有其一脉相承的文化基因和思想源流。就"Historiophoty"而言,如果没有从维柯、尼采以来思想界对实证理性的猛烈反叛,没有摩尔、罗素、维特根斯坦等为代表的哲学家在分析哲学领域的卓越建树,没有德里达、皮亚杰、罗兰·巴特、列维·斯特劳斯、米歇尔·福柯、保罗·利科等思想家在结构主义和叙事理论上的不懈突破,我们是难以对这一概念产生有启发的理解的。"Historiophoty"的概念是西方历史哲学的产物，将其移植到中国史学的学术土壤中，必然会产生一系列新问题。另一方面，从"Historiophoty"的背景即海登·怀特思想的角度来看，关于历史知识的"形式主义"研究，例如历史意识和历史认知的生成、传播、转换的过程，又如语言文字究竟在多大程度上影响了历史学的发生发展，长期以来没有进入主流学界的研究范围中。从某种程度上说，为了研究历史书写的文本性特征，承认历史书写的主观性和相对性，又何尝不是一种客观严谨的学术精神。怀特理论的可取之处在于，历史叙事理论的突破为影像的解读提供新思路，后现代史学研究将很多新题材纳入历史学的关注范围，但是其追求"历史感"的核心目标不足以支撑起实证的史学研究。"Historiophoty"的理论将影像分析与历史研究联系起来，但是它不是出于历史学手段和目的。以影像史料为基础的研究必然要突破怀特的理论框架。不应该是影像的语言取代史学的语言，而是史学的叙事吸收影像叙事的特点，从影像材料中分析和佐证实证的历史问题。"Historiophoty"进入国内，不代表这一概念所根植的学术基础移植到了中国。反过来，国内史学界也没有必要为了迎合"Historiophoty"的后现代性，而去追求脱离中国史学传统的历史表达。"形式主义"是手段，不是目的，形式的本质是意义的外在结构，意义才是认识的对象。

近十年来，"影像史学"作为史学新范畴进入国内史学理论研究和教学实践，以"传统史学的严谨考证、现代影像技术的科学实证和当代历史影像表达的艺术化特征相结合"[①]，关注影像生成的技术手段，以镜头语言作为切入点，是达到影像实证研究的一个途径。一方面借助镜头语言的分析手段构建意义群体，另一方面完善影像的历史叙事结构，以期将传统历史学研究与视听技术相结合，进而形成新的历史叙事和研究方式。"影像史学"的概念可以看成是"Historiophoty"的扬弃。脱离"结构主义－语言学转向"以来的历史哲学

---

① 吴琼：《影像史学研究的基本问题探析》，《史学理论与史学史学刊》，中国社会科学文献出版社，2014年卷，总第12卷。

发展动态，脱离整个后现代历史理论思潮，去审视怀特的转义理论或"元史学"，是片面的。因为怀特理论的合理性是西方历史哲学与历史多元化发展延续统一的结合点，并不是单纯地作为史学主流观点的反对者。因而在理解"Historiophoty"，将新的语言体系或表意符号体系纳入史学研究的范畴时，需要关注影像语言的意义生成与新的话语"转义"，否则便是片面的，容易犯大是大非的错误。从这个意义上说，"影像史学"的概念把握影像的生成特征，不仅要打破史料范围的限制，更要突破文字方法的限制。影像史学希望证明，知识形态和知识方法是普遍的，用影像语言来解决历史问题是可能和可行的。

近年来，国内学界对影像材料的探讨逐渐进入更具体的历史研究当中。北京师范大学历史影像研究中心把影像实践和课程教学、理论研究相结合，走出了一条从实验、实践和实证相结合的教学研究模式，连续举办六届"全国影像史学学术研讨会"，把影像史学从概念争论逐渐延伸到教学研究，影像史学已经进入历史学研究的前沿。以影像史料为基础的实证研究路径逐渐清晰，影像材料在解决历史问题中的作用也越来越受到重视。基于中国高校历史学教学和实践的影像史学，和"Historiophoty"一词首次进入中国学者的视野时相比，其史学学术内涵已显著丰富了。

本文刊于 2021 年第 01 期《北京联合大学学报（哲学社会科学版）》

后 记

《影像史学概论》出版要感谢来自各方面的帮助。

感谢北师大历史学院。"影像史学"是在北师大历史影像实验教学基础上发展起来的新方向,是近年来历史学院重视传统史学和前沿影像实验相结合的产物。

感谢廖学盛先生、郑殿华先生、王和先生、瞿林东先生、郑师渠先生、晁福林先生,他们很早就鼓励开展历史影像研究。

感谢耿向东、张皓、李帆、蒋重跃、刘林海、张昭军、董立河、侯树栋、马卫东、罗新慧,以上诸位教授帮助推动了历史影像实验教学和影像史学科研进展。

特别感谢张建华教授,他不吝相助,使我有更多机会参与相关研究和交流。

感谢我的学生们。这本书的理论部分,是我为北师大历史学专业本科生开设相关选修课程以及指导"影像史学"方向研究生的过程中讲授、思考和总结的部分内容。在相关内容撰写过程中,以下同学协助查阅了相关资料,分别是:危文瀚、黄心、张艾琪、胡德旺、丁一丹、杨子瑞等,危文瀚同学付出更多辛苦。

感谢那些没有提到名字的、鼓励影像史学研究和帮助影像实验教学的领导、专家、同行、同学们和朋友们!

感谢本书涉及的采访单位、对象和合作同事,他们曾经的支持今天看起来更有历史价值!

感谢华夏出版社。本书因为个人原因,数度延迟修订。期间,华夏出版社总编辑潘平先生不断关心,编辑倪友葵先生、责任编辑蔡姗姗和排版公司的同志们辛苦有加。

本人在参加相关历史影像项目的创作和研讨过程中,有幸多次聆听著名历史学家刘家和先生的专题讲座。本书收录的解说词《丝与路》和《贞观之道》得到先生的点评。先生对新事物的敏锐令人惊羡，尤其关于历史学社会化问题的灼见，发人深省。在此深表敬意和感谢！

  本书自始至终得到北师大历史学院杨共乐教授的关心和帮助，易宁教授生前多次指导，提出了宝贵建议。在此一并致谢！

吴琼　敬识

2021 年 1 月 26 日 02 点 15 分

于北师大主楼历史学院 602A

参考文献

[1] 吉本.罗马帝国衰亡史[M].席代岳,译.长春:吉林出版集团,2008.

[2] 波斯坦,哈巴库克,等.剑桥欧洲经济史[M].王春法,等译.北京:经济科学出版社,2002.

[3] 汤普逊.中世纪经济社会史[M].北京:商务印书馆,1984.

[4] 陈序经.匈奴史稿[M].北京:中国人民大学出版社,2007.

[5] 夏德.大秦国全录[M].郑州:大象出版社,2009.

[6] 威尔斯.世界史纲[M].上海:商务印书馆,1927.

[7] 塔西佗.历史[M].北京:商务印书馆,1981.

[8] 普罗科比.战史[M].崔燕红,译.陈志强,校注.郑州:大象出版社,2010.

[9] 玄奘.大唐西域记校注[M].季羡林,等校注.北京:中华书局,2000.

[10] 李约瑟.中国科学技术史:第1卷[M].北京:科学出版社,1990.

[11] 吴琼.公元4-7世纪的中西交流[D/OL].北京:北京师范大学博士论文,2011.

[12] 刘晓峰.东亚的时间:岁时文化的比较研究[M].北京:人民出版社.

[13] 佟辉.节令智道[M].北京:中国社会出版社,2012.

[14] 朱羽君.中国应用电视学[M].北京:北京师范大学出版社.

[15] 林达·威廉姆斯.没有记忆的镜子:真实,历史与新纪录电影[J].单万里,译.电影季刊,1993(3).

[16] 张同道,刘兰.格里尔逊模式以及历史影响[M].电影艺术,2008(4).

［17］保罗·汤普逊.过去的声音——口述史［M］.覃方明，等译.沈阳：辽宁教育出版社，2000.

［18］鲁道夫·阿恩海姆.视觉思维［M］.北京：光明日报出版社，1987.

［19］李向平，魏扬波.口述史研究方法［M］.上海：上海人民出版社，2010.

［20］钟少华.中国口述史学漫谈［J］.学术研究，1997(5).

图书在版编目（CIP）数据

影像史学概论 / 吴琼著 . -- 北京：华夏出版社有限公司，2021.2
ISBN 978-7-5080-9760-2

Ⅰ.①影… Ⅱ.①吴… Ⅲ.①史学-研究-中国 Ⅳ.① K092

中国版本图书馆 CIP 数据核字（2021）第 047987 号

影像史学概论

作　　者	吴　琼
责任编辑	蔡姗姗　王占刚
美术设计	祝　威
责任印制	周　然
出版发行	华夏出版社有限公司
经　　销	新华书店
印　　装	三河市少明印务有限公司
版　　次	2021 年 2 月北京第 1 版 2021 年 2 月北京第 1 次印刷
开　　本	710×1000　1/16
印　　张	14
插　　页	8
定　　价	98.00 元

华夏出版社有限公司 网址：www.hxph.com.cn　地址：北京市东直门外香河园北里 4 号　邮编：100028
若发现本版图书有印装质量问题，请与我社营销中心联系调换。电话：（010）64663331（转）